Nürnberger Tand geht durchs ganze Land

Helmut A. Seidl

Nürnberger Tand geht durchs ganze Land

Sprichwörtliche Porträts fränkischer Orte

Verlag Friedrich Pustet
Regensburg

Umschlagmotiv: Der „Kaufmannszug" von Georg Kellner. – Nachbearbeitete
Fotografie des Gemäldes an der Hausfassade der IHK in Nürnberg.

Bibliografische Information der Deutschen Nationalbibliothek
Die Deutsche Nationalbibliothek verzeichnet diese Publikation
in der Deutschen Nationalbibliografie; detaillierte bibliografische
Angaben sind im Internet über http://dnb.d-nb.de abrufbar.

www.verlag-pustet.de

ISBN 978-3-7917-2453-9
© by Verlag Friedrich Pustet, Regensburg
Umschlaggestaltung: Martin Veicht, Regensburg
Satz: Vollnhals Fotosatz, Neustadt a. d. Donau
Druck und Bindung: Friedrich Pustet, Regensburg
Printed in Germany 2012

Inhalt

Altdorf b. Nürnberg – Ansbach – Aurach – Bechhofen – Bergen – Dachsbach – Dietersheim – Dinkelsbühl – Eckental – Ehingen – Ellingen – Erlangen – Ettenstatt – Fürth – Gebsattel – Greding – Gunzenhausen – Hilpoltstein – Höchstadt a. d. Aisch – Höttingen – Ippesheim – Lauf a. d. Pegnitz – Leutershausen – Mühlhausen – Muhr a. See – Nennslingen – Nürnberg – Pappenheim – Pfofeld – Pleinfeld – Polsingen – Pommelsbrunn – Puschendorf – Röthenbach a. d. Pegnitz – Rothenburg ob der Tauber – Schwabach – Spalt – Stein – Treuchtlingen – Unterschwaningen – Vestenbergsgreuth – Weisendorf – Weißenburg i. Bay. – Windsbach – Zirndorf

Altenkunstadt – Bad Staffelstein – Bamberg – Bayreuth – Burgebrach – Buttenheim – Coburg – Ebrach – Eggolsheim – Forchheim – Gerach – Glashütten – Goldkronach – Hallstadt – Hirschaid – Hof – Kirchenlamitz – Kronach – Litzendorf – Münchberg – Nagel – Pettstadt – Pottenstein – Rattelsdorf – Scheßlitz – Schlüsselfeld – Schönwald – Selb – Thurnau – Waischenfeld – Weidenberg – Weismain – Wunsiedel

Abtswind – Amorbach – Aschaffenburg – Aura a. d. Saale – Bad Kissingen – Bad Königshofen i. Grabfeld – Bad Neustadt a. d. Saale – Bastheim – Birkenfeld – Bischofsheim a. d. Rhön –

Burkardroth – Bütthard – Castell – Collenberg – Dettelbach – Faulbach – Fladungen – Frickenhausen a. Main – Gochsheim – Großheubach – Großostheim – Hammelburg – Helmstadt – Höchberg – Hösbach – Iphofen – Kist – Kitzingen – Klingenberg a. Main – Lohr a. Main – Miltenberg – Münnerstadt – Oberelsbach – Ochsenfurt – Ostheim v. d. Rhön – Randersacker – Salz – Schweinfurt – Seinsheim – Sommerach – Wasserlosen – Wildflecken – Würzburg – Zellingen

Zum Buch

Reben, Meßgeläut, Main, Bamberg,
das ist Franken.

Altes deutsches Sprichwort

Der genannte Spruch beschränkt sich offensichtlich auf Oberfranken. Dehnt man ihn auf weitere fränkische Regionen aus, dann müsste man ihn zumindest noch mit „Marienberg, Residenz, Kiliansdom, Würzburg, das ist Franken" bzw. „Lebkuchen, Spielwaren, Kaiserburg, Nürnberg, das ist Franken" ergänzen.
Die drei Städte sowie die oberfränkische Bezirkshauptstadt Bayreuth liegen allesamt in Bayern. Zum fränkischen Sprachgebiet gehören aber gleichermaßen die heutige Region Heilbronn-Franken in Baden-Württemberg, Teile Südthüringens sowie Teile des jetzt oberbayerischen Landkreises Eichstätt.
Was nun speziell das *bayerische Franken* tatsächlich ausmacht(e), wird im Folgenden mittels Sprichwörtern und Redensarten verdeutlicht, die sich auf alle möglichen Aspekte von dortigen Orten bzw. angeblichen Eigenheiten ihrer Bewohner beziehen.
Es geht dabei also um **ortsbeschreibende** bzw. **topografische Sprichwörter**, eine – wie *Medizinische Sprichwörter* oder *Rechtssprichwörter* – eigene Gattung der Parömiologie (Sprichwortforschung). Dieser Sprichworttypus ließe sich demnach, ausgehend von den griechischen Termini *topos* (= Ort) und *graphein* (= beschreiben), folgendermaßen definieren:
Ein topografisches Sprichwort beschreibt einen namentlich genannten Ort bzw. seine Bewohner.

Der vorliegende Band befasst sich also mit topografischen Sprichwörtern und Redensarten über Orte in den drei fränkischen Regierungsbezirken Bayerns. Für Mittelfranken ließen sich für rund 100 Orte über 200 sprichwörtliche Beschreibungen finden, für Oberfranken sind nahezu 80 Belege für etwa 70 Orte verzeichnet und in

7

Unterfranken gibt es nachfolgend für 80 Orte ca. 90 derartige Sprüche und Redewendungen. Das entspricht sogar in etwa den heutigen Bevölkerungsverhältnissen. Somit enthält diese Publikation fast 400 topografische Sprichwörter und Redensarten für mehr als 250 fränkische Ortschaften (einschl. ehemals selbstständiger Kommunen).

Die weitaus meisten Belege, nämlich über 100, fanden sich natürlich für Frankens Metropole, Nürnberg. Das spiegelt eindrucksvoll deren überragende historische Bedeutung wider, insbesondere im Heiligen Römischen Reich Deutscher Nation. Im Gegensatz zu den meisten anderen fränkischen Orten war Nürnberg auch überregional, ja national in aller Munde. So verwundert es nicht, dass bei der Anzahl von sprichwörtlichen Beschreibungen die Noris sogar landesweit nur noch von der im Mittelalter größten deutschen Stadt übertroffen wird: Köln.

Der Hinweis auf das Heilige Römische Reich zeigt schon, dass die Mehrzahl der aufgespürten Sprüche historischen Charakter hat und darin getroffene Feststellungen über Ortsumstände oder Charakteristik der Bewohner eventuell schon obsolet sind. Auch sind Behauptungen derberer Natur *cum grano salis* zu nehmen und ohnehin nicht zu verallgemeinern.

Nichtsdestotrotz vermitteln solche Sprichwörter ein plastisches Bild fränkischen Lebens aus den letzten 500 Jahren. Damit besitzen diese erstmals in vorliegender Form zusammengetragenen Aussagen zugleich einen hohen volkskundlichen und kulturhistorischen Wert. Letzterer wird durch aufschlussreiche Hintergrundinformationen für jeden einzelnen Spruch noch gesteigert.

Bei allen Parömien ist stets die Quelle mit angegeben, und zwar mit Hilfe einer aus drei Großbuchstaben bestehenden Sigle (siehe dazu die Anmerkungen bzw. das Siglen- und Quellenverzeichnis am Ende des Buches).

Ehemals selbstständige Kommunen sind bei dem Ort verzeichnet, dem sie heute eingemeindet sind. So ist etwa ein Volksreim über die einstige Gemeinde Vach in Mittelfranken bei den Sprichwörtern und Redensarten über Fürth zu finden (Vach → Fürth).

Ferner wird ein sog. Vielspruch mit mehreren Ortserwähnungen in der Regel nur einmal angeführt. z. B. „Mellrichstadt → Bad Kissingen" oder „Vorra (Gem. Frensdorf) → Burgebrach".

Die Infos (▶) enthalten zusätzliche kurze Angaben über einen Ort.

Verwendet werden außerdem folgende Abkürzungen: Gem. = Gemeinde; VG = Verwaltungsgemeinschaft; Lkr. = Landkreis

Altdorf b. Nürnberg (Lkr. Nürnberger Land)

Er sieht aus wie der Hansel von Rasch.

Dieser war der uneheliche Sohn, den die sogenannte „Obristen-Antel" um 1685 im Wirtshaus zu Rasch auf die Welt brachte. Sein Großvater war ein verarmter Oberst gewesen, der sich in Altdorf bei einem Maurer als Handlanger verdingt hatte, und sein Stiefvater bettelte in der Gegend als kriegsversehrter Landsknecht. Dem Hansala von Rasch verpasste man alsbald das Attribut „närrisch", da er z. B. den Gänsen etwas vorzupredigen pflegte. Außerdem erregte er durch „närrische Gebehrden, Sprünge und seinen wunderlichen Anzug – Perücke und Schnapsack"[1] allgemeine Aufmerksamkeit.

Die sonderbare Erscheinung des Hansel muss dann zu einem sprichwörtlichen Vergleich geführt haben, der ganze Generationen überdauerte. Denn im Jahre 1815, rund 90 Jahre nach dem Tod des Johan Wider, genannt Hansel von Rasch, nahm der Nürnberger Jurist Zahn auf die diesbezügliche Redensart folgendermaßen Bezug: „Mit dem ‚Hansala von Rasch' werden nun heutzutag noch verglichen Personen, welche sich auf eine närrische, läppische Weise sowohl in ihrer Rede und Handlungen als auch in Ansehung ihrer Kleidung etc. auszeichnen und betragen, da man saget: ‚der siehet aus wie der Hansela von Rasch'."[2] Rasch ist jetzt ein Ortsteil von Altdorf.

▶ In der ehemaligen Universitätsstadt (1622–1809) Altdorf finden alle drei Jahre die „Wallensteinfestspiele" statt. Sie erinnern an die Zeit des Dreißigjährigen Krieges und den damaligen Oberbefehlshaber der kaiserlichen Truppen, Albrecht von Wallenstein. Der Generalissimus hatte als 16-Jähriger fast ein Jahr lang an der protestantischen Akademie zu Altdorf, der späteren Universität, studiert.

Ansbach

**O Onolzbach, o Onolzbach,
fängst an mit O, hörst auf mit ach.**

„Volksmund … Bezieht sich auf die schweren Lasten im 30jährigen Krieg."[1] „Onolzbach", d. h. „Siedlung am Bach des Onold", war sozusagen eine Vorstufe für „Ansbach", wo der Onolzbach in die fränkische Rezat mündet. Im Jahre 1508 etwa wird die Stadt noch als „Onsbach", später als „Onolzbach" und erst ab 1732 als „Ansbach" bezeichnet.[2]

**Ein Turm ohne Dach, sieben Schlot' auf einem Dach,
ohne Wasser ein Bach und eine Mühle ohne Bach,
das sind die Wahrzeichen von Ansbach.**

Eine Variante hieß: *Drei Türme ohne Dach, eine Mühle ohne Bach, neun Schlöt' auf einem Dach, das sind die Zeichen von Ansbach.* Der Sprichwortsammler Plaut lieferte dazu im Jahre 1897 folgende Erklärungen:
- für die dachlosen Türme: „Die got. Turmdächer der Pfarrkirchen sind von durchbrochener Steinhauerarbeit, es fehlt also das plattengedeckte Dach … Die drei Helme der Stiftskirche St. Gumbert sind durchbrochen."
- für die wasserlose Mühle: „Die Windmühle, ehedem auf dem Berge an der Nürnberger Straße."
- für die vielen Schlote (Kamine): „Die neun Schlöte auf einem Dache fand man auf dem Hause des ehem. Leibarztes Dr. Schmidel."[3]

**In Sachsen will nichts wachsen,
in Brodswinden ist nichts zu finden
und in Eyb weiß ich nicht ob ich bleib.**

Abb. 1 „Ein Turm ohne Dach ...": Westfassade der evangelischen Stadtpfarrkirche St. Gumbertus in Ansbach. – Fotografie, um 1906.

So lautete ein populär gewordener „Spottvers eines Pfarrers aus dem Jahre 1651."[4] Seit 1972 bzw. 1970 gehören „Bradswin" und Eyb zu Ansbach.

▶ Ansbach – und nicht das weitaus größere Nürnberg – ist die Hauptstadt des Regierungsbezirks Mittelfranken. Ansbach war Residenzstadt der Markgrafen zu Brandenburg-Ansbach. Heute gehören 54 Orte zur kreisfreien Stadt, die auch Sitz des Landratsamtes Ansbach ist. In Ansbach finden alle zwei Jahre die Kaspar-Hauser-Festspiele statt.

Aurach (Lkr. Ansbach)

**Mir sen gar luschdie Bueba /
Semer doch von Aura /
Wemmer des Geld versuffa heba /
Geng mer wider ens Maura.**[1]

Dieser sprichwörtliche Kirchweihvers von den lustigen Buben von Aurach, die wieder als Maurer gehen, wenn sie das Geld versoffen haben, ist aus dem 35 km entfernten Wilburgstetten überliefert.

▶ Die Gemeinde Aurach („mitten im Romantischen Franken") liegt im Naturpark „Frankenhöhe".

Bechhofen an der Heide (Lkr. Ansbach)

**Mirla, Hoch und Oberndorf,
Wissetbruck und Voggendorf
sind die fünf Gelobten Länder
schaut de Herr nei zum Fenster.**

„Einige wenige Siedlungen haben den Ruf im Lande, besonders fromme Bewohner in ihren Mauern bzw. in ihrer Mitte zu beherbergen."[1] Mörlach, Wiesethbruck und Voggendorf sind heute Ortsteile von Bechhofen. Oberndorf und Haag (= Hoch) gehören jetzt zur Stadt Ornbau. Alle fünf Ortschaften befinden sich in einem Radius von 8 km.

Ein weiterer Ortsteil von Bechhofen ist Königshofen a. d. Heide, über das einst folgender Reim kursierte:

Königshofen in der Haid;
Mit großer Kirch und kleinem G'läut.

Dazu heißt es in einer Lieb-Frauen-Chronik des Bistums Eichstätt: „Als im 30jährigen Kriege zwei kaiserliche Kroaten hier waren ermordet worden, und die Auslieferung der beiden Schuldigen verweigert wurde, stürmten 700 Kroaten die Kirche, in welche sich 200 Einwohner eingeschlossen hatten, und steckten sie in Brand. Der Dachstuhl ward von den Flammen verzehrt, die Glocken im Thurme zerschmolzen, die Gewölbe stürzten ein, die Altäre verbrannten, und 114 Menschen giengen zu Grunde ... Bei diesem Brande gingen auch die Klostergebäude ... zu Grunde. Wüst und öde stand die Kirche 26 Jahre lang da, bis sie 1658 von gesammelten Almosen nothdürftig hergestellt wurde. Der Fürst von Eichstätt, damals Johann Anton I. ... ließ sie 1723 völlig restauriren. Die zerschmolzenen Glocken suchte man mit Hilfe der Schweden 1633 durch eine aus Herrieden geraubte zu ersetzen. Allein die von Herrieden holten sich mit gewaffneter Hand nach Abzug der Feinde ihre Glocke wieder heim, und Königshofen mußte ein kleines Glöcklein entlehnen, das erst 1692 bezahlt wurde. Daher das Sprichwort."[2] Bei der wieder aufgebauten Kirche handelt es sich offenbar um das weithin sichtbare Marienmünster, ehemals Klosterkirche, heute evang.-luther. Pfarrkirche.

▶ Der Markt Bechhofen ist das Zentrum der nationalen Pinselindustrie und hat das einzige „Pinsel- und Bürstenmuseum" Deutschlands.

Bergen (VG Nennslingen, Lkr. Weißenburg-Gunzenhausen)

Wer vu Kaldnbouch kummd ohne Wind,
Vo Syburch ohne Kind,
Vu Nennsling ohne Schbodd,
der houd Gnad bei Gott.

„Wer von Kaltenbuch kommt ohne Wind (liegt an der Albkante), von Syburg ohne Kind (Fürstenkinder!), von Nennslingen ohne Spott, der hat Gnade bei Gott."[1] Vom 600 m hoch gelegenen Kaltenbuch, das heute – wie Syburg – ein Ortsteil von Bergen ist, hat man mitunter Sicht bis auf Nürnberg. Ein weiterer Gemeindeteil Bergens ist Thalmannsfeld, von deren Bewohnern der Volksmund behauptete:

Wenn einer sagt, er habe kein Geld,
kommt er bestimmt aus Thalmannsfeld.

Mundartlich hieß das dann vor Ort: *Wenn oinâ sachd, er houd ka Göild, nou kummdâ gwiiß vu Dalmâschföld.* Der Reim wird wie folgt kommentiert: „Die Thalmannsfelder zeigten nicht gerne, was sie hatten."[2]

▶ Die Gemeinde Bergen liegt im Frankenjura, etwa 40 km südlich von Nürnberg. Im Ortsteil Syburg befindet sich ein Wasserschloss.

Dachsbach (Lkr. Neustadt a. d. Aisch-Bad Windsheim)

Er lebt wie der Herrgott von Dachsbach.[1]

Die Redensart geht auf die selbstherrliche Amtsführung des Dachsbacher Amtmanns und Justizrats Herrgott zurück, der bei der Zerschlagung der sogenannten „Großen Fränkischen Diebes- und Räuberbande" Ende des 18. Jahrhunderts eine entscheidende Rolle spielte, dann aber wegen Verfehlungen im Dienst 1806 selber im Gefängnis landete. Offenbar war die Verwunderung darüber so groß, dass sie ebenfalls sprichwörtlich wurde:

Herrgott von Dachsbach![2]

„Franken … Weitverbreiteter Ausruf der Verwunderung."[3] Die Dachsbacher führ(t)en zudem den Necknamen „Herrgottsköpfe".

▶ Der Markt Dachsbach liegt im Aischgrund.

Dambach → Fürth

Dietersheim (Lkr. Neustadt a. d. Aisch-Bad Windsheim)

Sie halten zusammen wie die Dottenheimer!

Der Spottspruch geht auf folgenden Vorfall zurück: „Als in Dottenheim … am hellen Tage einst ein paar Spitzbuben den Pfarrhof ausplünderten, sahen die Dörfler untätig zu. Ob aus dem Gefühl, daß dem Pfarrer vielleicht Recht geschehe oder aus Furcht, wird nicht überliefert."[1] Dottenheim ist heute ein Ortsteil von Dietersheim.

▶ Die Gemeinde Dietersheim liegt im Aischgrund und im Naturpark Frankenhöhe.

Dinkelsbühl (Lkr. Ansbach)

**In Dinkelsbühl kann man unterm Tor
eine Kuh mit dem Schweif
aus Schwabenland ins Frankenland schleudern.**[1]

Zu der Variante *In Dinkelsbühl kann man unterm Tor eine Kuh aus Schwabenland ins Frankenland schmeißen* heißt es: „Auf die Mundart- und Stammesgrenze gegen das Ostfränkische bei Dinkelsbühl, das selbst stammlich und sprachlich noch zum Schwäbischen zu rechnen ist, spielt ein Neckwort an."[2] Dieses gab es zudem in einer leicht abweichenden dritten Version: *In Dinkelsbühl kann man unterm Tor eine Kuh mit dem Schweif aus Schwaben ins Frankenland schmeißen.*[3] Ein anderes Nutztier ist in folgender Redensart mit Dinkelsbühl erwähnt:

**Er ist nicht weiter als
nach Dinkelsbühl auf den Saumarkt gekommen.**[4]

Das hieß wohl einst so viel wie „Er ist noch nicht weit herumgekommen" bzw. „er hat noch nicht viel von der Welt gesehen". Ein weiterer Spruch mit Dinkelsbühl besagt, dass generell die Anzahl schöner Mädchen begrenzt sei:

**O hl. Annamaria von Dinkelsbühl,
schöne Mädla gibt's net viel!**[5]

Die erste Zeile bezieht sich offenbar auf ein Bild der Heiligen Anna mit ihrer Tochter Maria, der Mutter Jesu, in der Stadtpfarrkirche St. Georg.

▶ Die Große Kreisstadt leitet ihren Namen natürlich vom Dinkel, dem auch „Schwabenkorn" genannten Getreide, her, das hier einst auf einer Anhöhe (= „bühl") wuchs. Das Münster St. Georg zählt zu den schönsten gotischen Hallenkirchen Deutschlands. Das bedeutendste Stadtfest ist die „Kinderzeche", die auf eine Begebenheit aus dem Dreißigjährigen Krieg zurückgeht, als ein Mädchen, die „Kinderlore", Dinkelsbühl vor den Schweden gerettet haben soll.

Abb. 2 „Nach Dinkelsbühl auf den Saumarkt": Ansicht der Stadt „Dünckelsbü-
hel". – Kupferstich von Matthäus Merian d. Ä. aus der Topographia Sueviae, 1643.

Dottenheim → Dietersheim

Eckental (Lkr. Erlangen-Höchstadt)

Bug und Forth,
jede Kirchweih ein Mord,
Forth und Bug
Jed's Wort a Lug.[1]

In dem Spottreim wurden den Bewohnern der beiden Ortschaften
also Rauflust und Unaufrichtigkeit vorgeworfen. Forth und Büg
hatten sich schon 1919 zu einer Gemeinde zusammengeschlossen,
die im Zuge der Gebietsreform 1972 mit anderen Orten verbunden wurde. Die neue Gebietseinheit erhielt den „Kunstnamen"
Eckental.

▶ Forth war ursprünglich ein Bauerngut, Büg dagegen ein herrschaftliches Rit-
tergut, das (wohl im 11. Jahrhundert) von dem fränkischen Adelsgeschlecht
Gotsmann gegründet wurde.

Ehingen (VG Hesselberg, Lkr. Ansbach)

Wer durch Ehingen kommt ungeschlagen,
der kann von großem Glücke sagen.[1]

Es handelt sich bei diesem Reim ausnahmsweise einmal um einen Zweizeiler. Ansonsten sind „ungeschlagen" und „sagen" meist die Reimwörter eines einst äußerst populär gewesenen Vierzeilers mit jeweils anderen Ortsnamen.

Ehraschwinda, Kaldagreu
Friedrichstal is a net weit
des sin 3 Gelobda Länder
gschaua d'Hericha nei zon Fenschdr.[2]

In diesen drei Ortschaften, wo (Gott) der Herr zum Fenster hineinschaut, lebten also besonders gläubige Menschen. Ehrenschwinden, Kaltenkreuth und Friedrichsthal gehören heute allesamt zu Ehingen. Letzteres gilt auch für Lentersheim:

Wenn mer net waaß, wu Schwaning licht,
Schwaning licht am Graaba.
Wenn mer net waaß wus Ochsn git,
z' Lenterscha ka mer se haba.
Wenn mer net waaß, wuus Dreeksai git,
z' Megerscha ka mer se haba.

(= Wenn man nicht weiß, wo → (Unter-)Schwaningen liegt, Schwaningen liegt am Graben. Wenn man nicht weiß, wo es Ochsen gibt, in Lentersheim kann man sie haben. Wenn man nicht weiß, wo es Dreckschweine gibt, in Obermögersheim kann man sie haben). Obermögersheim (Megerscha), dessen Wahrzeichen ein „Koder" (schwarzer Kater) ist, liegt zwischen dem Hahnenkamm und dem Fränkischen Seenland und gehört seit 1972 zu Wassertrüdingen.

▶ In der Gemeinde Ehingen befinden sich noch Reste des römischen Limes, auch „Teufelsmauer" genannt.

Ehrenschwinden → Ehingen

Ellingen (Lkr. Weißenburg-Gunzenhausen)

**Ganz Ölling is underhöllerd,
bis zun Summerkölla.**

„Ganz Ellingen ist unterhöhlt, bis zum Sommerkeller."[1] Beim „Sommerkeller" handelt es sich heute um einen Ortsteil von Ellingen. Dieter Rieß gibt zu der Ortsneckerei folgende Erläuterung: „Es gab und gibt viele Kellergewölbe in Ellingen. Man spricht sogar von einem langen Gang vom Schloss zum Sommerkeller."[2]

▶ Die Barockstadt Ellingen, an der Schwäbischen Rezat gelegen, war einst eine Kommende (Niederlassung) des „Deutschen Ordens". Das Deutschordensschloss beherbergt u. a. Ausstellungen und das Ostpreußische Kulturzentrum.

Eltersdorf → Erlangen

Erlangen

**In Erlang is net gut wohna,
gibt's die Woch'n sechsmal Bohna;
sechsmal Bohna und kaa Fleisch:
o, is dies a Lump'nzeug![1]**

„In Erlangen sind die ‚Bohnenesser' daheim, ein Neckname, den die Erlanger wiederum den Réfugiés verdanken. Die französischen Neuansiedler betrieben fleißig Gartenbau und machten die Altstädter mit manch seltenem Gemüse bekannt. Bald hatten die Erlanger insgesamt ihren Spitznamen weg, der häufig noch mit folgendem Vers verbunden wurde: ‚In Erlang is...'"[2] Ein Vers wird aus dem Vierzeiler aber nur, wenn man – wie die Franken – „-zeug" als „-zeich" ausspricht.

Was nun die besagten Neuansiedler betrifft, so handelte es sich dabei um calvinistische Protestanten, die aus dem katholischen Frankreich geflüchtet waren. Der „Sonnenkönig" Ludwig XIV. hatte 1685 das Edikt von Nantes widerrufen, das ihnen seit 1598 Bürgerrechte und Glaubensfreiheit garantierte. Und daher strömten fast 200 000 dieser Hugenotten außer Landes. Rund 1000 von ihnen ließen sich – einem Angebot des Markgrafen Christian Ernst von Brandenburg-Bayreuth folgend – bis 1700 auch in Erlangen nieder. Der Ort war nämlich am Ende des 30-jährigen Krieges praktisch ausgestorben und bedurfte dringend eines weiteren Aufbaus sowie wirtschaftlicher Impulse. Während es 1700 noch dreimal so viel Hugenotten wie Einheimische gegeben hatte (die Anzahl Letzterer belief sich nur auf ca. 300), fanden sich – bedingt durch die Errichtung einer Neustadt („Christian-Erlang", jetzt Erlangens Innenstadt) – die französischen Einwanderer durch weitere deutsche Zuzügler, u. a. Lutheraner, bald in der Minderheit. 1822 wurde in Erlangen dann letztmals ein Gottesdienst auf Französisch abgehalten.

Exakt 25 Jahre später erfolgte in Berlin die Gründung der Firma Siemens, deren Konzernzentrale nach dem Zweiten Weltkrieg nach München und Erlangen verlegt wurde. Damit erhielt Siemens, das schon seit 1925 in Erlangen war, dort eine sprichwörtlich gewürdigte Bedeutung:

**Erlangen liegt
auf dem Firmengelände von Siemens.**

„Im Volksmund geläufige Anspielung auf die Wichtigkeit und Allgegenwärtigkeit der Siemens AG in Erlangen."[3] Unter „Erlanger

Abb. 3 „In Erlang is net gut wohna, gibt's die Woch'n sechsmal Bohna": Die Ankunft der ersten hugenottischen Réfugiés in Erlangen. – Glasfenster im ehemaligen Rathaussaal in Erlangen nach einem Entwurf von Friedrich Wander (1840–1910).

Siemens-Angestellten" soll auch heute noch folgender Spruch verbreitet sein: *In Erlangen weint man immer zweimal. Einmal, wenn
man hin muss, und einmal, wenn man wieder weg muss.*[4] Das
scheint für Studenten genauso zu gelten:

**Ein Student, der einen Studienplatz in Erlangen bekommt,
weint zweimal: einmal, weil er hin muss,
und einmal, weil er wieder weg muss.**

Neueres „Sprichwort".[5] In Studentenkreisen ist das aber offenbar
nicht nur bei der Uni Erlangen der Fall. Als lokales Sprichwort ist
etwa auch *Die Greifswalder Studenten weinen zweimal: einmal,
wenn sie kommen, und ein zweites Mal, wenn sie wieder gehen* ausgewiesen.[6] Die Greifswalder Studenten studieren in Mecklenburg-
Vorpommern an der Ernst-Moritz-Arndt-Universität, ihre gleichermaßen zweimal „weinenden" Kommilitonen an der Friedrich-
Alexander-Universität Erlangen-Nürnberg, der zweitgrößten Bayerns. Benannt ist Letztere nach Markgraf Friedrich von Brandenburg-Bayreuth, der sie 1742 gründete, sowie nach ihrem Hauptför-
derer, Markgraf Karl Alexander von Brandenburg-Ansbach (1736–
1806). Die Studierenden verteilen sich auf zwei Standorte: Erlangen (zwei Drittel) und Nürnberg (ein Drittel).
Dass Nürnberg in seinen aufstrebenden Nachbarstädten ernste
Konkurrenten erwuchsen, zeigt auch dieser sprichwörtliche Vers
aus dem 19. Jahrhundert:

**Fürth, Schwabach, Erlang
machen Nürnberg angst und bang.**[7]

Während Erlangen heute ein bedeutendes Zentrum für Medizin-
technik ist, war der Erlanger Raum – vor allem das Knoblauchsland – früher auch für seine Tabakproduktion bekannt:

Du host mer a Zigärrla geb'n,
Da host es wieder z'ruck,
Das Innere is vo Eltersdorf,
des Deckblatt is vo Bruck.[8]

Eltersdorf und Bruck gehören heute zur Stadt Erlangen. Das Knoblauchsland liegt zwischen Nürnberg, Fürth und Erlangen.

▶ Erlangen (vor Ort: *Erlang*) gehörte zum Fürstentum Bayreuth, bis dieses 1810 dem Königreich Bayern einverleibt wurde. Heute ist die Großstadt Erlangen Sitz des Landkreises Erlangen-Höchstadt. Die kreisfreie Stadt ist weithin berühmt für die Erlanger Bergkirchweih, über die es in einem Lied heißt: *Wo ist denn das Görgle? – Das ist nit daham, der is auf der Kerwa drunten in Erlang.*[9]

Ettenstatt (VG Ellingen, Lkr., Weißenburg-Gunzenhausen)

Eddnschdadd sichd mer kamm
vua laudâ Zwedschgerbamm,
schod, dass ka Bflaschdâ houd,
sinschd waas a Schdood.

„Ettenstatt sieht man kaum vor lauter Zwetschgenbäumen, schade, dass es kein Pflaster hat, sonst wärs eine Stadt."[1] Das Sprichwort bringt zum Ausdruck, dass es ehedem ein Hauptcharakteristikum einer Stadt war, gepflasterte Straßen zu haben. Besonders häufig ist das aus Niederbayern überliefert, wo es z. B. hieß: *Aber den Elmberg, den sieht man kaum vor lauter Tannabaum, schad, daß er koa Pflaster hat, sunst war's a Stadt* [2] bzw. *Schönberg, dös sehgt ma kaam, voar lauta Öpföbaam, und wei 's koa Pflasta hot, is's aa koa Stodt!* [3] Hier verdeckten also nicht Zwetschgenbäume den Ort, sondern Tannen- bzw. Apfelbäume. Abgelegen ist auch Ettenstatts heutiger Gemeindeteil Hundsdorf:

Wou lichd denn Hundsdorf?
Hundsdorf lichd im Grindla.
Gidds an groußn Bauân,
houd a scheggerds Hindla.

„Wo liegt denn Hundsdorf? Hundsdorf liegt im Grund. Da gibt's einen großen Bauern, der hat ein geschecktes Hündchen." Dieter Rieß merkt zur Bedeutung an: „Hundsdorf liegt einsam, dort ist nicht viel los."[4] Allerdings mag gerade das seinen Reiz haben. So befindet sich Hundsdorf am Naturschutzgebiet Märchenwald, auch Märzenbecherwald genannt. Und das Blühen der Frühlings-Knotenblume erregt dort jetzt auch touristische Aufmerksamkeit.

▶ Die Gemeinde Ettenstatt liegt im Felchbachtal.

Etzelskirchen → Höchstadt

Euerwang → Greding

Eyb → Ansbach

Forth → Eckental

Friedrichsthal → Ehingen

Fürth

Ich möchte nach Fürth wandern.

Nach Wanders *Sprichwörterlexikon* stammt dieser „volksläufige" Satz vom Nürnberger Meistersinger und Spruchdichter Hans Sachs (1494–1576) und wurde im Sinne von „aus Noth fortlaufen" gebraucht.[1] Es ging hier also von Nürnberg nach Fürth. Über das, was in umgekehrter Richtung von Fürth nach Nürnberg kam, gibt es in der Noris jedoch Vorbehalte:

Vo Färdd rauf kummd niggs Gscheids![2]

(= Von Fürth herauf kommt nichts Gescheites.) „Heute noch sagt der Nürnberger spöttisch ‚vo Färd raaf…‘, eine Bemerkung, die sich nicht allein auf die aus dem Westen heraufziehenden Gewitterwolken bezieht."[3] Die Fürther selber aber zeigen sich voller Zuversicht:

Fädd wädd!

(= Fürth wird!) „Volksmund in Fürth."[4] Und was konnte man in Fürth werden? Wenn alle Stricke rissen, immer noch – Wirt:

Und wer går niggs wärd –
der wärd Wärdd in Färdd![5]

(= Und wer gar nichts wird – der wird Wirt in Fürth!) In der Tat gab es früher in Fürth viele Wirte, aber auch – wie eine „Nürnberg-Fürther Volksweisheit" bekundet – viele Juden:

In Färdd –
dou gidds vill Judn und vill Wärdd![6]

(= In Fürth – da gibt es viele Juden und Wirte!) U. a. durch die jahrhundertelange „Dreiherrschaft" des Bistums Bamberg, der Reichsstadt Nürnberg und der Markgrafen von Ansbach über Fürth (daher wohl auch das dreiblättrige Kleeblatt in Fürths Wappen) waren die Lebensumstände für Juden dort ab dem 16. Jahrhundert weitaus günstiger als in anderen Orten, was einen entsprechenden Zuzug bedingte. So galt Fürth bald als „Fränkisches Jerusalem". Zur Geschichte der Juden in Fürth schrieb Michael Zeller 1991 in *Mein Traum vom Dulden*: „Sie lebten, Hauswand an Hauswand, schiedlich-friedlich neben den christlichen Bürgern, waren rechtlich und politisch annähernd gleichgestellt, besaßen das Stimmrecht und verfügten gemeinsam … über die Geschicke der Gemeinde."[7]

Soochermål – du bis gwieß vo Färdd?!

(= Sag einmal – du bist gewiss von Fürth?) „Es ist auch heute noch ein beliebtes Scherzchen für die ‚reichsstädtisch angehauchten' Nürnberger, einen ‚Färdder' anhand seiner unverkennbaren kleinen Spracheigenheiten ‚aufzuzwicken' – etwa mit dem Spruch ‚Soochermål...' Freilich steckt dahinter – außer der ‚lieben Gewohnheit' an sich – auch ein bisschen Staunen und ein gehöriges Stück Neid über diese sturen Fürther, die halt schon viel früher Deutscher Fußballmeister waren als der ‚Club' – die sich 1922 entgegen aller Voraussagen *nicht* nach Nürnberg eingemeinden ließen – und es wirtschaftlich trotzdem zu etwas gebracht haben."[8] Wer es dennoch zu nichts brachte, dem blieb früher aber immer noch eine Möglichkeit:

Wer niggs is – und wer niggs koh – der gäihd zur Färdder Schdrasserboh![9]

(= Wer nichts ist und wer nichts kann, der geht zur Fürther Straßenbahn!) Der Reim dürfte auf Probleme bei der Rekrutierung von geeignetem Personal für die Nürnberg-Fürther Straßenbahn um die Jahrhundertwende (= 1900) zurückgehen. Apropos „gehen":

Wou gäisdn hie? – Zum Blousårsch vo Färd.[10]

(= Wohin gehst du? – Zum Blasarsch von Fürth.) Zum *Blousårsch vo Färd* nahm Herbert Maas in den 60er-Jahren des 20. Jahrhunderts wie folgt Stellung: „Ich konnte die merkwürdige, in ihrer Entstehung noch nicht geklärte Wendung als abwehrende Antwort auf neugierige Fragen hören."[11] Die sprichwörtliche Antwort mit dem Ausdruck Blasarsch ist bzw. war – mit verschiedenen Zusätzen – in mancherlei deutschen Regionen verbreitet. Dabei hat das „Wanderwort", das „bevorzugt für Ortsneckereien benützt wird ... nichts mit blasen zu tun."[12] Es ist die Mundartform von „Bloßarsch" bzw. „Nacktarsch". Im Frankfurter Raum unterscheidet man sogar zwischen „Bloßarsch" und „Blassarsch". Letzterer ist ein „bleicher

Abb. 4 „Wer niggs is – und wer niggs koh – der gäihd zur Färdder Schdrasserboh!": Der Triebwagen 67, Baujahr 1896. – Fotografie, um 1906. Archiv der Freunde der Nürnberg-Fürther Straßenbahn e. V.

Mensch, jemand, der schlecht aussieht,"[13] während es bei Ersterem heißt: „Bezeichnung für Gesäß, aber auch Schimpfname."[14] Im thüringischen Metzels hieß es etwa: „Oach, däer all Bloèseorsch! ,Ach, der alte Blasenarsch! Bedeutung: Dieser alte Quatschkopf."[15] Das sollte allerdings nicht mit dem Rudolstädter Ausdruck „Bleiarsch" verwechselt werden, der sich auf einen Langschläfer bezieht.[16]

Als „ausgeschlafen" erwiesen sich hingegen die Fürther ebenso wie die → Schwabacher und → Erlanger z. B. im 19. Jahrhundert, was zu folgendem Vers führte:

**Schwåbach, Färdd und Erlang' –
machng Närmberch angsd und bang.**[17]

Weniger gut kam Fürth in einem anderen Reim weg:

**Fürth und Vach,
ach, was hab ich gemach!**

„Läßt der Volkswitz unsern Herrgott verwundert beim Anblick der beiden Orte ausrufen."[18] Bei „Vach" merkte Franz Josef Bronner an: „Großes Dorf bei Fürth."[19] Zu Vach gab es auch noch eine spezielle Redensart: *Der hots so notwendi wie der Vacher Booder.* (= Der hat es so eilig wie der Vacher Bader.) „Der nichts zu tun hatte."[20] Mit „Bader" war hier der Frisör gemeint, wobei ein Bader früher in Ermangelung eines Arztes auch als Heilgehilfe fungierte und bestimmte medizinische Dienste anbot. Die nördlich von Fürth gelegene Gemeinde Vach wurde im Zuge der Gebietsreform in Bayern 1972 nach Fürth eingemeindet. Das war mit Poppenreuth, über das es ebenfalls ein Sprichwort gab, schon im Jahre 1900 geschehen:

Der Herr Pfarrer zu Poppenreuth taufet die Kinder im Sack.

Wie das zu verstehen ist, erläuterte Benedikt Zahn um 1815 wie folgt: „Dieses rätselhaftige Sprüchwort entstund lediglich aus einem kurzweiligen Wortspiel. Das Wort ‚Sack' nemlich bedeutet hier nicht ‚saccum', einen Schubsack in Kleidern oder einen Geld-Getraid-Sack, sondern ein in die Poppenreuther Parochie [Pfarrei] eingepfarrtes benachbartes ‚Sack' genanntes Dorf, in welchem der Herr Pfarrer von Poppenreuth zu taufen berechtiget ist."[21]
Mit „Schubsack" bezeichnete man damals eine Art Kleidertasche, in die etwas hinein*geschoben* werden konnte. Sack, das erst 1972 ein Stadtteil von Fürth wurde, gehört auch heute noch zur evangelischen Pfarrei Poppenreuth. Der Fürther Vorort Dambach hingegen ist fast schon ebenso lang wie Poppenreuth ein Teil Fürths. Er erfuhr ebenfalls sprichwörtliche Würdigung:

Du schönes Bild von Domba!

„Dambach … insgemein ‚Domba' ausgesprochen … ist ein 1½ Stunden weit von Nürnberg … jetzt im Königreich Baiern gelegenes Dorf … Zuweilen erhält obgedachter Ausruf ‚du schönes Bild von Domba!' den Beisatz *das die Bauern nicht mehr anbeten mögen.* Dieses Bild soll nach einiger Meinung die jedoch wenig bekannte heilige Kümmernis, vielleicht eine ‚mater dolorosa' oder Mutter Gottes vorgestellet haben, welches daraus zu schließen ist, weil Personen von kümmerhaftem traurigen Aussehen oder verzerrten Gesichtsmuskeln mit ersagter heiliger Kümmernis sprüchwortsweise verglichen werden."[22] Möglicherweise hat es sich hier um eine von der Witterung entstellte Bildsäule gehandelt.[23] Sankt Kümmernis war übrigens eine fiktive Heilige, die der Legende nach ihr eigener Vater ans Kreuz hatte schlagen lassen. Der Schönheit war nämlich mit göttlicher Hilfe zur Abwendung einer unerwünschten Ehe ein Bart gewachsen.

▶ Zwischen Nürnberg und Fürth verkehrte 1835 die erste deutsche Eisenbahn. Die Großstadt Fürth, deren Zentrum nur 7 km von dem Nürnbergs entfernt ist, erlangte nach dem Zweiten Weltkrieg insbesondere als Sitz von Grundig sowie von Quelle, einst Europas größtes Versandhaus, zusätzliche Bekanntheit. Die kreisfreie Stadt ist die zweitgrößte Mittelfrankens.

Gebsattel (VG Rothenburg ob der Tauber, Lkr. Ansbach)

In Gebsattl wouhnt a e Fraa, die des a nit waaß.[1]

(= In Gebsattel wohnt auch eine Frau, die das auch nicht weiß.) Die sprichwörtliche Aussage, bei der es statt einer Frau durchaus auch ein Mann sein kann, ist für einige weitere Orte, so etwa für Nürnberg, überliefert.

▶ Die Gemeinde Gebsattel liegt im Naturpark Frankenhöhe.

Gebersdorf → Nürnberg

Gersdorf → Nennslingen

Göhren → Pappenheim

Graben (Stadt Treuchtlingen) → Pappenheim

Greding (Lkr. Roth)

Eichstätt hat in Berching den besten Wein,
in Beilngries das beste Fleisch,
in Greding das beste Brod,
und in Kipfenberg das beste Bier.[1]

„Brod" = Brot. Greding gehörte bis 1803 zum Hochstift Eichstätt. Beilngries, Eichstätt und Kipfenberg sind seit der Gebietsreform von 1972 oberbayerisch, Berching ist oberpfälzisch. In Greding gab es aber nicht nur gutes Brot, sondern auch köstliche Buchteln:

Die Herrnsberger Bauern,
hob'n alleweil an Zorn,
san wallfahrt'n ganga,
hob'n Bauz'n verlor'n.[2]

„Baunzn sind ein Gebäck aus Hefeteig, das bei Wallfahrten gerne mitgeführt wurde."[3] „Baunzen" war auch der Ortsneckname von Herrnsberg, den Bronner wie folgt kommentierte: „Diese daumendicken Röhrennudeln aus Hefeteig sind dort eine beliebte Speise."[4] Herrnsberg gehört heute zu Greding. Das trifft ebenso für Schutzendorf zu, von dem es einst in einem Spottreim hieß:

Schutzedafe – Dreckverkafe.[5]

(= Schutzendorf – Dreckverkäufer.) Weitere Ortsteile von Greding sind Heimbach, Euerwang, Linden und Kraftsbuch, die sich im folgenden Sprichwort vereint finden:

Das kleine Heimbach,
das große Euerwang,
das gottselige Linden
und das lümmelhafte Buch.

„Ueber die vier Orte der Pfarrei Heimbach bei Greding ist folgender Ausspruch eines früheren Pfarrers volkstümlich geworden: ‚Das kleine Heimbach...'."[6]

▶ Die Stadt Greding, ein staatlich anerkannter Erholungsort, liegt an der Schwarzach, einem Nebenfluss der Altmühl.

Großgründlach → Nürnberg

Gunzenhausen (Lkr. Weißenburg-Gunzenhausen)

**Braugschd a Huur,
ge-ischd aff Muhr,
braugschd wos zun Mausn,
ge-ischd aff Gunzahausn.**[1]

(= Brauchst du eine Hur', gehst du nach Muhr, brauchst du ein leichtes Mädchen[2], gehst du nach Gunzenhausen.) Nach → Muhr a. See sind es gut 6 km.

▶ Die Stadt Gunzenhausen liegt im Fränkischen Seenland.

Haag (Stadt Ornbau) → Bechhofen
Heimbach und Herrnsberg → Greding

Hilpoltstein (Lkr. Roth)

Die Herren von Zella,
sans net im Wirtshaus,
gehen's auf Raub aus.

„Für Zell … galt der Spruch: …"[1] Heute ist Zell ein Stadtteil von Hilpoltstein. Das wiederum prägten im Mittelalter die Herren von Stein als Reichsministeriale, d. h. Verwaltungsbeamte des Kaisers.

▶ Hilpoltstein nennt sich die „Burgstadt am Rothsee".

Höchstadt a. d. Aisch (Lkr. Erlangen-Höchstadt)

Etzelskerch'n und Nackendorf lieg'n so sehr am Teich,
wenn s'a Herdle Gäns verkaf'n,
maana s', sie senn scho reich.[1]

(= Etzelskirchen und N. liegen so nah am Teich, wenn sie eine Herde Gänse verkaufen, meinen sie, sie sind schon reich.) Manche Quellen haben hier statt „Nackendorf" wohl fälschlicherweise „Nankendorf".[2] Dass es sich dabei aber um die nur zwei Kilometer von einander entfernten, jetzigen Stadtteile von Höchstadt an der Aisch handeln muss, steht außer Frage. Schließlich liegt Nackendorf am Schafsee und Etzelskirchen am Kleinen Strichweiher. Zugegebenermaßen befindet sich der Weisendorfer Ortsteil Nankendorf auch nur 15 km entfernt und sogar an den Nankendorfer Teichen. Doch die Nähe zum Nachbarort Etzelskirchen spricht eindeutig für Nackendorf. Eine andere einst in einem Volksreim erwähnte Ortschaft scheint inzwischen in Höchstadt aufgegangen zu sein:

In Weingartsgraben
muß man die Hosen in Händen haben.

„Von Weingartsgraben am Ostabhange des Steigerwaldes sagt der Volksmund im Hinblick auf den dort gebauten Wein …"[3] Das berichtete Paul Orlamünder in einem Werk vom Jahre 1908. Inzwischen gibt es in Höchstadt nur mehr die Straße „Am Weingartsgraben". Früher musste man in Weingartsgraben offenbar beim Traubentreten die Hosenbeine hochziehen und festhalten.

▶ Höchstadt gehörte einst zum Hochstift Bamberg. Die Stadt gilt als Tor zum Steigerwald. Als lokale Spezialität gibt es den Aischgründer Spiegelkarpfen (Körperform: hochrückig und rund), der in den vielen Teichen der Umgegend gezüchtet wird.

Hofstetten → Pommelsbrunn

Horbach (Gem. Wachenroth) → Mühlhausen

Höttingen (VG Ellingen, Lkr. Weißenburg-Gunzenhausen)

Wer einmal Höttinger Wasser getrunken hat, geht nicht mehr fort.[1]

Dieter Rieß nennt hier auch die fränkische Version: *Wer amol Heddingâ Wassâ drunga houd, ge-ihd nemmâ fodd.*[2] Gemeint ist damit: Wer sich einmal in Höttingen niedergelassen hat, der bleibt auch dort.

▶ Die Gemeinde Höttingen liegt rund 4 km von der Barockstadt Ellingen entfernt.

Hundsdorf → Ettenstadt

Ippesheim
(VG Uffenheim, Lkr. Neustadt a. d. Aisch-Bad Windsheim)

**Iffinga, Bullna, Iphouf,
haste nit an Buckl, haste doch an Kroupf.**[1]

(= Iffigheim, Bullenheim, Iphofen, hast du nicht einen Buckel, hast du doch einen Kropf.) Kröpfe scheinen also in dieser Gegend früher weit verbreitet gewesen zu sein. So hatten die Bewohner von Bullenheim, Seinsheim und Hüttenheim die Uznamen „Kröpfer".[2] Das gehäufte Vorkommen von Strumen führte man auf kalkhaltiges Wasser zurück: „Kröpfe vom Gipswasser".[3]
Von Iphofen in südlicher Richtung nach Bullenheim über Iffigheim (→ Seinsheim/Ufr.) sind es übrigens rund 15 Kilometer. Bullenheim, bekannt durch seine Kunigundenkapelle, ist einer von 3 Ortsteilen der Gemeinde Ippesheim.

▶ Der Markt Ippesheim ist die größte Weinbaugemeinde Mittelfrankens.

Kaltenbuch → Bergen

Kaltenkreuth → Ehingen

Katzwang → Nürnberg

Kienfeld → Vestenbergsgreuth

Königshofen → Bechhofen

Kraftsbuch → Greding

Kraftshof → Nürnberg

Kröttenbach → Unterschwaningen

Langenzenn → Weißenburg i. Bay.

Langlau → Pfofeld

Lauf a. d. Pegnitz (Lkr. Nürnberger Land)

Ba dennan sicht's aus, wöi ban Bimbela z'Laff![1]

(= Bei denen sieht es aus wie beim Bimbela zu Lauf!) Gemeint ist damit: wie bei Hempels unterm Sofa! „Sprichwörtlich geworden ist wegen seiner Unordentlichkeit der Bimbela vo Laff."[2] In Bauers *Sagen aus dem Frankengau* heißt es dazu:
„Der Bimbela war ein armer Hafner, der draußen vor dem oberen Tor in einem halbverfallenen Häuschen wohnte. Man hieß ihn überall bloß den Hafnersbimbela; denn mit Spitznamen sich hänseln, das liebt man bei uns in Franken. Über den Bimbela allerdings konnte man sich mit gutem Grunde lustig machen; denn sein Hausstand war ein Muster an Unordnung und Liederlichkeit … Heute noch sagt man dort in der Gegend, wenn von einem unordentlichen Haushalt die Rede ist: ‚Ba dennan …' Im Nürnberger Land … versteht man unter dem ‚Laffer Bimbela' einen Pimperlwichtig, einen, der gar geschäftig ist, alles besser weiß und sich mit seiner Siebenklugheit gern hervortun möchte."[3]
Zusätzliche Informationen finden sich bei Maas: „‚Is' oder ‚der Bimberla vo Laff' ist eine legendäre Figur des alten Nürnberg, die gut in Erinnerung geblieben ist …. Zahn erzählt um 1800: ‚Da geht es zu wie bey dem Pimpela zu Lauf oder da wird ein sehr unordentliches Haushalten geführt. Ein mit dem Namen Pimpelein spottweise belegter Einwohner, ein Taglöhner dieses Ortes, welcher kein guter Wirtschafter gewesen und daher sein Hauswesen in Unordnung geraten, soll dieses Sprichwort, mit welchem andere seinesgleichen verglichen werden, veranlaßt haben. Man saget, daß in seinem Hause das ganze Jahr hindurch nicht gekochet worden sei. Daher das Sprichwort entstanden ist: es gehet zu wie bei dem Pimpela zu Lauf, wo das Gras auf dem Herd wächset und die Kinder das Hackbrett besudeln.' Für die Bekanntheit des ‚Bimberla vo Laff' sorgte im 19. und 20. Jahrh. vor allem ein Lied, das nach einer ins Ohr gehenden Melodie heute noch gesungen wird. Auch aus dem Liedertext geht nicht unbedingt die heutige Bedeutung des Wichtigtuers hervor, eher

ist ein Müßiggänger beschrieben. Für die moderne Bedeutung mag unter anderem auch das Verbum bimmeln, ‚schnelles und helles Läuten' Einfluß gehabt haben. Das Minderwertige wie in ‚Bimberlasgschäfd' wird auch durch die Wiener Ausdrücke Pimperlbahn ‚Vorortbahn' und Pimperltheater ‚Kasperltheater, drittrangige Bühne' bestätigt."[4]

Unter einem „Bimberlasgschäfd" versteht man ein unbedeutendes Geschäft, einen kleinen Laden. Bei dem besagten Zahn handelt es sich um Benedict Wilhelm Zahn (1738–1819), der um 1800 eine Sammlung Nürnberger Sprichwörter verfasste.[5]

Des Weiteren gab es die Redensart *Zun Pimperla z' Laf!*, die Bronner folgendermaßen kommentierte: „Wenn jemand recht neugierig ist und erfahren möchte, wohin man geht und man will es nicht wissen lassen, so gibt man in der Gegend von Nürnberg den Bescheid: ‚Zun Pimperla z' Laf!'"[6]

▶ Die Kreisstadt Lauf an der Pegnitz beherbergt mit dem Wenzelschloss eine frühere Kaiserresidenz.

Leipersloh → Windsbach

Lentersheim → Ehingen

Leutershausen (Lkr. Ansbach)

**Der Laitershaiser Beck /
De reckt sein Orsch zun Fenster naus /
Na maanst, es is a Weck.**[1]

(= Der Leutershauser Bäcker reckt seinen Arsch zum Fenster hinaus, dann meint man, es wäre ein [Brot-]Wecken.)

▶ Die Stadt Leutershausen (Aussprache vor Ort: „Laideschausn"), der Geburtsort des Flugpioniers Gustav Weißkopf (1874–1927), liegt an der Altmühl.

Linden → Greding

Mäuskreuth → Polsingen

Mildach (Gem. Kammerstein) → Windsbach

Möhren → Treuchtlingen

Mögeldorf → Nürnberg

Mörlach → Bechhofen

Mühlhausen
(VG Höchstadt a. d. Aisch, Lkr. Erlangen-Höchstadt)

Abtsdorf und Vorra,
Simmersdorf und Horba,
Oberköst und Unterköst,
Mühlhausen is 's Judennest.[1]

Heute ist Simmersdorf ein Gemeindeteil von Mühlhausen. Jüdische Einwohner gab es in Mühlhausen schon seit dem 15. Jahrhundert; um 1825 war gar ein Viertel der Mühlhauser jüdischen Glaubens (208 von 833). Um diese Zeit ist wohl auch der obige Vierzeiler aufgekommen. Danach sank der Anteil der Juden in Mühlhausen bis 1910 auf rund 6% (= 66 von 1.035). Die letzten von ihnen wurden 1942 deportiert. Der Judenfriedhof und das Synagogengebäude (beide aus dem 18. Jahrhundert) sind bis heute erhalten. Mit „Horba" ist hier Horbach gemeint, das mittlerweile zum Markt Wachenroth gehört. Von Abtsdorf über Vorra, Mühlhausen und Simmersdorf nach Horbach sind es rund 15 km. Unterköst (Gem. Pommersfelden/Ofr.) und Oberköst (→ Burgebrach/Ofr.) liegen auf halber Strecke westwärts.

▶ Der Markt Mühlhausen, der „Mittelpunkt im Ebrachgrund", feierte 2008 „1000 Jahre Mühlhausen".

Muhr a. See (Lkr. Weißenburg-Gunzenhausen)

**Und sauft er nicht und hurt er nicht,
dann ist er auch kein Muhrer nicht.**[1]

Die Mundartversion lautet: *Un saufdâ nichd un hurdâ nichd, dann issâ aa ka Muhrâ nichd.*[2] Mit „Muhrer" sind hier noch die Bewohner der ehemaligen Gemeinde Altenmuhr gemeint, die sich 1976 mit Neuenmuhr, Stadeln und Wehlenberg zur Einheitsgemeinde Muhr am See zusammenschloss. Dass die Muhrer besonders fleißig den alten Spruch der Hurer bzw. „Hurenböcke", nämlich „Der Wald ist besser als ein Baum"[3] (d. h. viele Frauen sind besser als eine) befolgt hätten, wird in einer weiteren sprichwörtlichen Aussage behauptet, in der zusätzlich → Gunzenhausen erwähnt ist.

▶ Der Erholungsort Muhr a. See ist direkt am Altmühlsee gelegen.

Nackendorf → Höchstadt

Nennslingen (Lkr. Weißenburg-Gunzenhausen)

**Wer vu Kaldnbouch kummd ohne Wind,
Vo Syburch ohne Kind,
Vu Nennsling ohne Schbodd,
der houd Gnad bei Gott.**

Wer früher von Nennslingen ohne Spott wegkam, der konnte – so dieser Wanderreim – sich bei Gott für dessen Gnade bedanken. War er vorher durch Kaltenbuch und Syburg gegangen, hatte er beim Eintreffen in Nennslingen etwa 8½ km zurückgelegt. Nach weiteren 2½ km in südöstlicher Richtung erreicht man dann den heutigen Nennslinger Ortsteil Gersdorf, wobei der Weg als beschwerlich, aber möglicherweise lohnend beschrieben wurde:

Zwischâ Gei-ierschdoaf un Nennsling
dou is da Weech schdoini,
sche-ini Madli gidds dodd aa, ower laudâ gloini.[1]

Der gewiss auch sprichwörtlich gebrauchte Reim fand vor allem als „Kirchweihgstanzl" Verwendung. Ins Hochdeutsche übertragen lautet er: „Zwischen Gersdorf und Nennslingen, da ist der Weg steinig, schöne Mädchen gibt's dort auch, aber lauter kleine." Als Sprichwort kursierte der zweite Teil zudem über einige Orte in Bayerisch-Schwaben.

▶ Der über 1000 Jahre alte Ort Nennslingen, der schon 1539 zum Markt erhoben wurde, liegt auf der Frankenalb.

Nürnberg

Es ist nur _ein_ Nürnberg.

Den sprichwörtichen Anspruch auf Exklusivität hat im Frankenland nur die Noris. Der seinerzeit populäre Erzähler und Reiseschriftsteller Gustav von Heeringen zitierte hierzu im Jahre 1846 eine damals neunzig Jahre alte Chronik. „„Es ist nur ein Nürnberg!' sagt sie."[1] Im Einzelnen werden dann in der namentlich nicht näher bezeichneten Stadtchronik aus der Mitte des 18. Jahrhunderts 10 Gründe für die Berechtigung dieser Aussage angeführt:

1. ist diese Stadt die Grösseste unter denen, viele Tagereisen umher liegenden Städten, besonders aber des Fränkischen Craisses …;
2. passirt sie für die Gesegneteste; ihre Handelschaft geht nicht nur durch Europam … sondern auch gar theils bis in Indien …;
3. verdient sie den Namen der Gesündesten wegen ihrer reinen Luft, Sauberkeit auf denen Strassen und in Häusern …;

4. ist sie die Angenehmste, wegen ihrer schönen Gärten, vortrefflichen Prospectes und Promenaden um die Stadt ...;

5. dass sie die Sinnreicheste seye, bestättiget nicht nur das bekannte Sprichwort: Nürnberger Witz und Strassburger Geschütz, Ulmer Geld etc., sondern auch die in Kayserlichen und Königlichen Kabinetten verwahrte, gedrehete, geschnittene, gemahlte und gestochne Kunst-Stücke. Nürnberger Hand geht durch alle Land;

6. mag man sie wohl das Edle Nürnberg nennen;

7. verdient sie den Namen der Geehrtesten unter den Reichsstädten, weilen die öftern Kayserliche allhier gehaltnen Hofläger, Kayserlichen Wahlen und Crönungen, besonders auch die Reichstäge sie distinguiren;

8. der Nahmen der Sichersten kommt ihr daher billig zu, weilen sie nicht nur mitten in Deutschland situiret, sondern auch seit 650 Jahren, in denen gefährlichsten Kriegen des Römischen Reiches nicht erobert, ja das alldortige Reichsschloss durch Gewalt gar nie und nimmer eingenommen worden ist ...;

9. die Sehenswürdigste zu heissen mag sie auch wohl verdienen, und endlich

10. eine Freye Reichsstadt heisst sie mit Recht, weilen Kaysere und Könige diese Republik mit so vielen ausserordentlichen Freiheiten, Rechten und Gerechtigkeiten begnadigt, auch selbige jederzeit nur dem Kayser und dem Reich unmittelbar zugehöret hat.[2]

Die um 1750 entstandene Chronik bezeichnet „Es ist nur ein Nürnberg!" bereits als „dieses bekannte Sprichwort".[3]

Das wird dann in einer Quelle vom Jahre 1784 wie folgt kommentiert: „Das Nürnbergische Frauenzimmer ist guten Theils so sehr für seine Vaterstadt eingenommen, daß es außer derselben nicht leben zu können glaubt. Manche Schöne, die nicht weiter, als etwann in die umliegenden Orte und kleinern Städte gekommen ist, pflanzt im entscheidenden Tone das Sprichwort fort: ‚es ist doch nur Ein Nürnberg'. Eine eigne Lebensart dieser Damen, gewisse vertrauliche Familien-Gesellschaften, die Reinlichkeit, die Prangküche, die Art Speisen, Gebackenes u. a. zu bereiten, und einige Vorzüge, die die Stadt Nürnberg wirklich, wol auch vor manchen größern Städten, hat, bekräftiget dieses Sprichwort. Vielleicht war es ehehin gegründeter, wo noch Kaiserliche Hoflager und Reichsversammlungen, mehrere Lustbarkeiten, mehr Volk, Geld und Kunst in Nürnberg, und die Stadt in ihrem größten Flor war. Zu den Zeiten, da Nürnberg noch wichtige Kriege führte, Kaisern Hülfsvölker gab, das beste Geschütz hatte, vom Kaiser und Reich, so wie vom Schwäbischen Bund, zur Execution ansehnlicher Reichsfürsten aufgefordert wurde, Eroberungen machte, bei der Kirchen-Reformation wichtigen Einfluß hatte, das Orakel der Reichsstädte war und unter ihnen den Ton angab; da konnte man wol sagen: ‚es ist nur Ein Nürnberg‘. Auch wenn man die vorzüglichen Freiheiten und Rechte der Stadt, die sie überhaubt und in Beziehung auf den Kaiser, auf das Reich und dessen Stände, so wie in Ansehung des Fränkischen Kreises hat, wenn man ihre Größe, ihr schönes ansehnliches Gebiet, und noch dieses in Betrachtung nimmt, daß sie die einzige Reichsstadt ist, die eine Universität hat, so mag es auch wol wahr seyn: ‚es ist nur Ein Nürnberg‘."[4].

Dazu äußerte sich dann wiederum der hiesige Stadtbeamte Benedict Wilhelm Zahn in seiner um 1815 vollendeten Sammlung „Nürnberger Sprüchwörter": „Also sprechen mehrenteils geborene Nürnberger, denen es entweder in fremden Orten nicht so wohl gefällt als in ihrer Vaterstadt ... oder welche auswärtige Länder und Städte nicht besuchet haben und nach dem gemeinen Sprüchwort ‚nicht 3 Meilen über den Backofen hinausgekommen‘ sind, folglich auch keinen richtigen Vergleich mit anderen Orten zu treffen im Stande sind. Da aber keine Stadt zu finden sein wird, welche einen ganz gleichen Namen führet ... so kann man in dieser Hinsicht mit Wahrheit sagen: ‚Es ist nur ein Nürnberg!‘"[5]

Wie man nun das Sprichwort auch immer interpretieren mag, es ist, so Herbert Maas, eindeutig, was damit zum Ausdruck gebracht werden sollte: „Nürnberg ist einzigartig, alle anderen Städte verblassen neben ihm."[6] Als einzigartig empfanden sich indes auch weitere Orte: „Die Redensart: ‚Es ist nur Ein Nürnberg‘ wird auch mutatis mutandis von anderen Städten gebraucht."[7]

Wetten wollte der Volksmund aber nur auf den Vorrang Nürnbergs:

**Wette, wer nur will, ich wette,
Nürnberg ist die Kron' der Städte.**

„Alter Spruch."[8] Was Nürnberg außer der „Kron' der Städte" noch ist, darüber gibt es weitere Behauptungen in Sprichwortform:

Nürnberg ist Deutschlands Schmuckkästchen.[9]

Wander zitiert hierzu eine Quelle vom Jahre 1870: „So hat man Nürnberg mit Recht genannt und jedermann stimmt in den allbekannten Lobspruch: Wenn einer Deutschland kennen und Deutschland lieben soll, wird man ihm Nürnberg nennen, der edeln Künste voll."[10] Daraus geht schon hervor, dass mit dem „Schmuckkästchen" vornehmlich die mittelalterlichen Kunstschätze und Bauwerke der Noris gemeint waren. Mit den Reichskleinodien hat das wohl kaum zu tun, obschon man den späteren *Epitheton ornans* „des Deutschen Reiches Schatzkästlein" heute vorwiegend damit in Verbindung bringt.[11] Wenn es etwa 1656 bei Merian heißt: „Die Stadt hat auch deß Heil. Römischen Reichs Kleynodien in Verwahrung/so sie zur Kayserlichen Crönung zu schicken pflegt,"[12] so galt das „nur" von 1424 bis 1796.

Der älteste Beleg für Nürnberg als „Schatzkästlein" stammt jedoch erst aus dem Jahre 1861 und ihm liegt, wie Herbert Maas darlegt, „die nationale, neuromantische Begeisterung über das Mittelalter" zugrunde.[13] Offenbar hat der romantische Begriff des „Schatzkästlein" im Sinne einer Geschichten- oder Gedichtsammlung[14] bei Nürnberg den ursprünglichen Ausdruck „Schmuckkästchen" ersetzt. Überdies, so Maas, beziehen sich die Begriffe „Deutsches Reich" bzw. „Reich" in den noch heute für Nürnberg üblichen Beinamen „des Deutschen Reiches Schatzkästlein" bzw. „Reichsschatzkästlein" keineswegs auf das Heilige Römische Reich Deutscher Nation, sondern auf Bismarcks Kaiserreich.[15] Auf das besagte Römische Reich verweist hingegen ausdrücklich folgender Spruch:

**Nürnberg ist des heiligen
römischen Reiches Bienengarten.**

Abb. 5 „Des Heiligen Römischen Reiches Bienengarten":
Zeidler im Nürnberger Reichswald. – Kupferstich, um 1783.

„Volksmund … Von der großartigen Bienenzucht, welche vordem
von den Nürnberger ‚Zeitlern' betrieben wurde und [die] zu der
Weltindustrie der ‚Nürnberger Leckerle' Anlaß gab."[16] Für die Pro-
duktion der weltbekannten Nürnberger Lebkuchen brauchte man
vor allem Honig, den im Mittelalter die Zeidler beschafften. In
Nürnberg holten sich diese Wald-Imker, die eine eigene Zunft hatten und im Gegensatz zu heutigen Imkern keine gezimmerten Bienenstöcke verwendeten, ihre Ware meist aus den „Nürnbergischen
Wäldern", dem heutigen „Reichswald". Eine Quelle vom Jahre 1750
beschreibt im Kapitel „Was zur Zeit des Kaysers Caroli IV. in Nürnberg geschehen" diese Zeidler wie folgt: „Die … sind ehedessen
eine besondere Gesellschaft gewesen, welche … in denen Nürnbergischen Wäldern hin und wieder gewohnt, und Freyheit gehabt in

45

denenselben die Bienen zu zeideln, wo sie darzu gelegene Oerter und Bäume gewußt. Von ihren Zeidelhuben haben sie keine andere Gülte und Zinß gegeben, als etliche Maaß Honig, die sie ihrem Zeidelmeister eingeliefert, dahero hat auch sonst niemand ... Bienenstöcke haben dürfen in den Nürnbergischen Wäldern, welche in alten Urkunden ‚des Reiches Bienengarten' genennet worden. Es waren die Zeidler mit sonderbaren Freyheiten begabet, haben ihr eigenes Gericht gehabt, und sind schuldig gewesen, dem Reich, wann sie aufgemahnet worden, mit 6 Armbrüsten zu dienen."[17]
Bei Bronner ist in diesem Zusammenhang vermerkt: „Ein Hauptertrag des umfangreichen Reichswaldes um Nürnberg war Honig. Der ganze Bezirk von etwa 23 Quadratmeilen hieß ‚des heiligen römischen Reiches Bienengarten' und seine Erzeugnisse genossen einen hohen Ruf. Man gebrauchte diesen zur Bereitung von Met, zur Bierbrauerei und auch zur Herstellung des eigentümlichen Backwerkes der Lebkuchen."[18] Die ursprüngliche Bezeichnung für den betreffenden Bezirk wurde dann also offenbar auf Nürnberg in toto angewandt: „Von den Städten hieß: ... Nürnberg des hl. römischen Reiches Bienengarten (Bienenzucht – Honig – Lebkuchen) ... – Volksmund."[19]
Die Nürnberger selber nannte man früher auch „Sandhasen" und das wiederum hängt eng mit dem „Bienengarten" zusammen: „Eine der Grundlagen, warum die Nürnberger Lebkuchen Weltruf erlangten und warum Nürnberg die Lebkuchenstadt wurde, ist in der Tradition zu suchen: Zeidler- und Imkerwesen konnte sich einst im Reichswald gut entwickeln, weil der sandige Boden den Kiefernwuchs förderte, der wiederum die Bienenzucht begünstigte."[20]
Mitte des 16. Jahrhunderts war Nürnbergs sandiger Boden übrigens in Münsters berühmter *Cosmographia* extra erwähnt worden: „Nurmberg diese mächtige vnd reiche Statt ligt gantz vnd gar auff einem vngeschlachten vnd sandechten Boden / aber hat desto sinnreicher Werckmeister vnd Kauffherren. Dann so sie mit dem Erdreich nichts mögen anfahen / schlagen sie jre spitzfündige Vernunfft desto fleissiger auf subtile Werck vnd Künst."[21] Die „subtilen Werke und Künste" wurden dann sogar in einem speziellen Spruch gewürdigt:

Nürnberg ist das Vaterland der Klugheit und das Wohnhaus der Künstler.[22]

Die Aussage klingt eher wie eine Bücher- denn eine Volksweisheit. Deutschlands bedeutendster Sprichwortsammler, Karl Friedrich Wilhelm Wander (1803–1879), entnahm sie der *Deutsche[n] Romanzeitung* aus den 60er-Jahren des 19. Jahrhunderts. Der Lobspruch ist aber auch bei Plaut[23] und Dreyer[24] als sprichwörtlich ausgewiesen. Jedenfalls gibt es über die Berechtigung dieser Aussage wohl keinen Zweifel. So hat Nürnberg eine bedeutende Anzahl von klugen Köpfen und begnadeten Künstlern hervorgebracht. Bei letzteren seien nur Albrecht Dürer oder Adam Kraft genannt. Nürnberg war aber nicht nur ein Zentrum der Kunst bzw. ein Mittelpunkt für Künstler:

Nürnberg ist der Mittelpunkt Deutschlands und Europas.[25]

Diese sprichwörtliche Behauptung geografischer Art fußte einst in der Tat auf Fakten: „Im späten Mittelalter und in der Renaissance war Nürnberg Durchgangsstation für den gesamten sich auf dem Landweg abwickelnden Handel zwischen den nördlichen Teilen Europas, Bayern und den Alpenpässen. Dadurch wurde es zu einer der reichsten Städte Deutschlands."[26]

Noch detaillierter äußerte sich hierzu Herbert Maas: „Trotz der Verschiedenheit der Verkehrsmittel: eines ist seit Jahrhunderten das gleiche geblieben: Nürnbergs Mittelpunktlage im europäischen Straßennetz. Nach Norden führten zwei alte Handelsstraßen. Eine durchs Tiergärtnertor über Buch und Bamberg nach Leipzig und zu den Hansestädten Hamburg, Lübeck und Bremen, die andere über Heroldsberg nach Zwickau in Sachsen. Zum Laufertor hinaus gelangte man über Lauf und Hersbruck nach Pilsen, Prag und weiter nach Krakau. Der Regensburger Autobahn- und Eisenbahnlinie unserer Zeit entsprach die alte Fernstraße, die durchs Frauentor nach Regensburg und entweder über den Katschberg nach Venedig oder donauabwärts nach Wien und Ungarn reichte. Nach

Süden gelangte man über Eichstätt und München zum Brennerpaß und weiter nach Italien. Die Ansbacher Straße, vom Spittlertor ausgehend, verband Nürnberg mit den schwäbischen Städten, mit Südfrankreich und Spanien. Zum Neutor hinaus, am Johannisfriedhof und Fürth vorbei, führte die alte Verbindungsstraße nach Frankfurt und rheinabwärts in die Niederlande. So erkennt man heute noch am Nürnberger Eisenbahnstern und an der Autobahnspinne, wie wichtig unsere Stadt schon immer in ihrer Durchgangslage für die Handelsrouten von Norddeutschland nach Italien und dem Orient, aber auch von Westeuropa nach Polen und Rußland gewesen ist.“[27]

Den Anspruch, der Mittelpunkt bzw. Nabel Deutschlands zu sein, erhob früher auch eine andere Stadt im Frankenland: → Bamberg. Seit 1990 befindet sich der geografische Mittelpunkt des wiedervereinigten Deutschland übrigens in der Gemeinde Niederdorla, 2 km vom thüringischen Mühlhausen und 230 km von Bamberg entfernt. Bamberg und Nürnberg sind dann im folgenden Sprichwort vereint:

Wär Nürnberg mein,
wollt' ich's zu Bamberg verzehren.

„Dort gilt Fleiß, Kunst, Industrie; hier ist, im reichen Bisthum, eitel Wohlleben bei weniger Arbeit!“[28] Mit einem in Nürnberg erworbenen Vermögen könnte man sich also im liberaleren Bamberg leichter Sinnes- und Genussfreuden hingeben. In der ältesten Belegstelle für diese populär gewordene Aussage, Johann Agricolas *Sybenhundert vnd Fünffzig Teutsche Sprichwörter* vom Jahre 1534 bzw. 1541, ist das folgendermaßen formuliert:
„Wann Nüremberg mein were/ so wolt ichs zu Bamberg verzeren … Dis sprüchwort wirt ein gutter schlucker erfunden haben / der beyder Stedt art gewust hatt. Zu Nürmberg ist etwan der handel / und der geltgewinn groß gewesen / von wegen der straß von Venedig herauß … Zu Bamberg ist solcher geltgewinn nit gewesen / ist auch noch nit / aber besser vnd neher ist alles zubekomen zu Bamberg dann zu Nürmberg / so ist auch da erlaubt / mit mer sicherheyt

hurerei vnn Ehebruch offentlich zu treiben …Vnd ob schon etwas zu Nürmberg / wie inn aller welt / geschicht / so ist es doch heymlicher vnd mit grösserer gefahr / dann zu Bamberg / da man der offentlichen exempel / des Stiffts halben / vil hat / darauß der schlucker geschlossen / er wolle zu Bamberg verzeren / was er zu Nürmberg erwerbe."[29]

Der also angeblich von einem „Schlucker" (= Schlemmer) erfundene Spruch hat sich dann über dreihundert Jahre, vom Anfang des 16. bis Anfang des 19. Jahrhunderts im Volksmund erhalten. Seine Entstehung verdankt er wohl der Reformation, da hier (und auch meist in den diversen Varianten mit anderen Städten) ein protestantisches Wirtschaftszentrum mit einer katholischen Residenzstadt verglichen wird, mithin also spartanische Arbeitsethik mit Luxus und Schwelgerei. Die geringfügig abweichende Variante *Wenn Nürnberg mein wäre, so wollt' ich's zu Bamberg verzehren* wird denn auch mit „Nürnbergs Reichtum" und „Bambergs Üppigkeit" erklärt.[30]

Wie erwähnt, wurden auf diese Art und Weise noch andere Städte verglichen, so etwa Frankfurt und Mainz: *Wenn Frankfurt mein wäre, wollt ich es in Mainz verzehren.* Auch diese Version kursierte schon im 16. Jahrhundert und sie setzt wiederum ein Wirtschaftszentrum einer katholischen Residenzstadt gegenüber.

In einem noch älteren Sprichwort sind nicht zwei Städte, sondern zwei Personen die Gegenparts:

**Nürnberg läßt König Ruprecht ein,
Und schenkt König Wenzel guten Wein.**

Der Reim kursierte Anfang des 15. Jahrhunderts. Den Hintergrund dazu lieferte die Absetzung König Wenzels durch die deutschen Kurfürsten und deren Kür von Pfalzgraf Ruprecht zum neuen König der Deutschen im Jahre 1400. Der Rat zu Nürnberg erklärte sich damals bereit, Ruprecht als König zu huldigen, wenn dieser die Privilegien der Stadt bestätige, was auch geschah. In Mayers *Chronik der Reichsstadt Nürnberg* ist daher beim Jahr 1401 Folgendes vermerkt:

„Vom Rhein zog nun König Ruprecht, wie es die goldene Bulle verlangte, nach Nürnberg, um seinen ersten Hof zu halten. Deshalb schrieb der Rath ... an Kaiser Wenzel ... und sagte ihm seine Huldigung und Treue auf. Es melden aber die Nürnberger Chroniken ... der Rath zu Nürnberg habe ... Kaiser Wenzel ... bitten lassen, sie ihrer Pflicht ... gutwillig zu erlassen, so wollten sie ihm eine nahmhafte Summe Geldes ... geben. In solch Begehren habe Kaiser Wenzel, wider Verhoffen, dem Rathe alsbalden willfahret, und keines Gelds begehrt, sondern allein an die Gesandten gesonnen, sie sollten ihm etliche Fuder Fürstenberger und Bacheracher Wein schicken. Der Rath habe ihm dann vier Wägen mit Wein beladen geschickt, daher sagt auch Aventin, es sey dieser Zeit ein Sprichwort daraus worden, daß man pflegte zu sagen: ‚Nürnberg läßt König Ruprecht ein...' Die Böhmischen Chroniken melden, König Wenzel habe diesen Wein als einen sonderbaren Schatz in dem Keller des Schlosses zu Prag verwahren lassen, und als bald hernach gedacht Schloß in Abwesen König Wenzels abgebrunnen, habe er, als man ihm dessen Zeitung gebracht, vor allen Dingen gefragt, ob der Keller noch stünde und seinem Weine nichts widerfahren wäre, und als er dessen vergewissert, habe er den andern Schaden für nichts geachtet."[31]

Der entthronte König Wenzel soll also, als man ihm die Kunde brachte, dass in seiner Abwesenheit das besagte Schloss, in dessen Keller die Weinfässer aus Nürnberg lagerten, abgebrannt war, vor allem an der Unversehrtheit dieser Weinvorräte interessiert gewesen sein.

In die Geschichte ist der Luxemburger als König Wenzel der Faule (1361–1419) eingegangen; sein Gegenspieler, der Kurfürst der Pfalz, war ein Wittelsbacher. Als Ruprecht I. herrschte er von 1400–1410 als römisch-deutscher König. Mit „Aventin" war natürlich Johannes Aventinus (1477–1534) gemeint, der Vater der bayerischen Geschichtsschreibung. Eigentlich hieß er Johann Georg Turmair, nannte sich aber (nach seiner niederbayerischen Geburtsstadt Abensberg) „Aventinus", d. h. der Abensberger. Im Todesjahr von Aventinus erschien die bereits erwähnte Sprichwörtersammlung Agricolas, in der sich auch dieser damals populäre Satz findet:

Was geht mich Nürnberg an,
ich habe kein Haus darin.

„Um zu sagen: Was gehen mich die Angelegenheiten anderer an; was mich nicht brennt, das brauch' ich nicht zu löschen."[32] Mit Nürnberg als Bezugspunkt ist der Satz aus mancherlei Regionen überliefert, so auch aus Nordrhein-Westfalen, dem Schwabenland und natürlich der nahen Oberpfalz. In Köln etwa pflegte man zu sagen: *Wat schert mich Nürnberg, ich han kein Hus dren!* [33] Und in Westfalen hieß es einst: *Hei bekümmert sik ümme Nürenbearg un heat der kein Huus.*[34] Die schwäbische Version lautet: *Was frag i nach Nürnberg, i hau ja kei Haus drinne.*[35] Und aus der benachbarten Oberpfalz ist neben *Wós gàid mi Nürnberg óñ wén I kóiñ Hauss durt hó*[36] auch noch ein ähnlicher Spruch überliefert: *Du kümmerst di allweil um d' Nürnberger Küh, sie kommen aber nicht runter und stoßen di nie.*[37] Mit „runter" ist hier die Oberpfalz gemeint, von der aus man nach Nürnberg „nauf" fährt. In einer hochdeutschen Variante findet sich schließlich weder „Haus" noch „Kuh": *Was geht mich Nürnberg an, ich hab' keinen Stein darin.*[38]

Der Reichsstadt Nürnberg indes konnte der wirtschaftliche Aufschwung seiner unmittelbaren Nachbarstädte nicht gleichgültig sein:

Fürth, Schwabach, Erlang
machen Nürnberg angst und bang.

Den Reim begründete Benedikt Zahn um 1815 wie folgt: „In diesen drei Orten … befinden sich sehr viele Fabrikanten, deren Produkte weit und breit versendet werden. Nun liefern die Nürnberger Handwerksleute die nämlichen und mehrere andere Artikel in gleicher und manche in besserer Qualität, konnten aber teils wegen der großen Auflagen, welche die Einwohner der Stadt Nürnberg, solange sie eine Reichsstadt gewesen, entrichten mußten, teils weil an den drei obgesagten Orten wohlfeiler zu leben war, ihre Arbeit nicht zum gleichen Preis abliefern und für ihre Produkte einen weit geringeren Absatz erzielen, wodurch der Handel mit Nürnberg sehr geschwächt wurde und die Nürnberger Professionalisten für die Zukunft bange wurden. Dies hat obgemeldetes Sprüchwort veranlaßt.‘"[39] Darin war übrigens die Reihenfolge nicht stets dieselbe: *Schwåbach, Färdd und Erlang' – machng Närmberch angsd und bang.* „Närmberch", die fränkische Ausspracheform des Stadtnamens, taucht auch noch in diesem Sprichwort auf:

Närmberch, wou di Hasn Hosn
und die Hosn Husn haßn.

(= Nürnberg, wo die Hasen Hosen und die Hosen Husen heißen.) „Sagt man heute noch."[40] Dreyer zitiert hierzu alte Quellen: „Seit der Einbürgerung einer hochdeutschen Gemeinsprache sind die verschiedenen deutschen Mundarten den gebildeten Kreisen nicht selten ein Greuel. Neben dem sächsischen Dialekt mußte besonders die Nürnberger Mundart viel unter der Spottlust leiden … Der Verfasser der Schrift ‚Nürnberg, wie es nicht ist, aber seyn sollte‘, jammert über die hier ‚maltraitierte Sprache‘ und fordert endlich einmal ein besseres Deutsch. Er kann seine Enttäuschung darüber nicht verbergen, daß in einer Stadt, wo man ein Ei noch ‚Gackala‘ heißt, die Gemüts- und Sinnesart der Bewohner nicht auch entsprechend kindlich und fromm sei … Den Vogel schießen hier die ‚Fliegenden Blätter‘ ab mit einem Dialog zwischen einem Nürnberger und einem Engländer … Nürnberger: ‚Aber heunt is haaß!‘ – Engländer (im Buch nachschlagend): ‚Haas? Ja, Hase im Felde.‘ – Nürnberger: ‚Na, das is a Hoos!‘ – Engländer (im Buche nachschlagend): ‚Hoos? Hose, Beinkleid.‘ – Nürnberger: ‚Na, Sie, das is a Husen! Trotz 'n Baouch kann ma mit so 'n Engländer nit amol deutsch reden.‘"[41]
Der besagte Dialog, der dann offenbar im Volksmund zum obigen Sprichwort verkürzt wurde, entstammt einer Karikatur mitsamt begleitendem Spotttext, welche 1867 in der Satirezeitschrift *Fliegende Blätter* veröffentlicht wurde. Maas kommentiert den Karikaturtext wie folgt: „Was will der Witzzeichner mit dieser Anekdote sagen? Der Nürnberger hält sein Deutsch für richtig, weil er kein anderes kennt. Er schaut also aus der Enge seiner Mauern nicht ins übrige Deutschland oder gar in die große weite Welt hinaus und hält sich für allein wichtig."[42]

Der Nürnberger und der Engländer.

Nürnberger: „Aber heunt is haaß!" — Engländer (im Buch nachschlagend): „Haas? Ja, Haase im Felde." — Nürnberger: „Na, das is a Hoos!" — Engländer (im Buche nachschlagend): „Hoos? Hose, Beinkleid." — Nürnberger: „Na, Sie, das is a Husen! Trotz'n Baouch kann ma mit so'n Engländer nit a mol deutsch reden."

Abb. 6 „Wou di Hasn Hosn und die Hosn Husn haßn" – Karikatur aus den „Fliegenden Blättern", 1867 (Nr. 1147–1172). Universitätsbibliothek Heidelberg.

Kennzeichnend für die Aussprache der Nürnberger bzw. der Franken im Allgemeinen ist heutzutage vor allem die Verwendung der Media, also der stimmhaften Plosive (b,d,g) statt der Tenues, d. h. der stimmlosen Plosive (p,t,k). So wird etwa das hochdeutsche Wort „Parkett" in der Noris als „Bargedd" ausgesprochen.
Nun zum Reigen der Sprichwörter mit „Präposition + Nürnberg". Im Wesentlichen geht es dabei um „in/zu" bzw. „von/nach":

Wer einmal nur in Nürnberg war,
der käm' gern wieder jedes Jahr.

In einer Ausgabe der Zeitschrift *Gartenlaube* vom Jahre 1867 heißt es dazu: „Hans Sachs gedachte des alten nürnberger Spruchs."[43] Der Schuhmacher, Meistersinger und Spruchdichter Hans Sachs (1494–1576) ist bekanntlich einer der großen Söhne Nürnbergs. Er zählt zu den populärsten Poeten des 16. Jahrhunderts; u. a. stammt von ihm das Fastnachtsspiel *Das Narrenschneiden*. Zu dieser Thematik würde das folgende Sprichwort passen, in dem vom Blaufärben des Hinterns die Rede ist:

Wén 's freud,
dèr kuñ si àtz Nürnberg in Oarsch blaow färbm laon.[44]

(= Wen es freut, der kann sich zu Nürnberg den Arsch blau färben lassen.) Gemeint könnte damit sein: Wer möchte, kann in N. auch noch so außergewöhnliche Wünsche erfüllt bekommen oder: Wem es gefällt, kann sich in N. verdreschen lassen. Der „blaue Hintern" wäre demzufolge „ein prügelbedingter Bluterguss."[45]
Doch ist in dem Zusammenhang auch an die fränkische Redensart *Do mußte dann Oorsch bloo farwe losse, wann de nicks ousedou host*[46] zu denken. Darin wird ebenfalls das Blaufärben des Arsches empfohlen, allerdings im wortwörtlichen Sinne für den Fall, dass man nichts anzuziehen hat. Letzteres gilt zudem für die Würzburger Version *Loß dr'n Arsch blau färb'*. Diese wird 1862 folgendermaßen interpretiert: „Spott gegen Jemanden, welcher sich keine Kleider anschaffen kann."[47]

Hatte man auch in Nürnberg nichts oder wenig zum Anziehen, war das vielleicht dem teuren Leben dort geschuldet:

In Nürnberg ist ein teures Pflaster.[48]

Der sprichwörtliche Ausdruck „teures Pflaster" ist heute noch mutatis mutandis weit verbreitet. „Als ein Pflaster wird pars pro toto auch eine Stadt bezeichnet, z. B. in Wendungen wie ‚ein teures Pflaster', eine Stadt mit teuren Lebensverhältnissen."[49] Aber früher konnte selbst ein medizinisches Pflaster durchaus kostspielig sein. Zahn wies denn auch darauf hin, dass zu seiner Zeit mit dem „Nürnberger Pflaster" zweierlei gemeint war: „a) das eigentliche … nürnbergische Wundpflaster … b) die mit Pflastersteinen belegten Straßen oder überhaupts die Stadt Nürnberg."[50] Das besagte „Sprüchwort" erwähnt er dann unter b). Das zuerst genannte und einst weithin und jahrhundertelang bekannte „Nürnberger Pflaster" bestand übrigens aus „Mennige, Erdnuß, gelbem Wachs und Kampher."[51] Darüber urteilt Krünitz im Jahre 1809 so: „‚Nürnbergisches Pflaster', welches unter allen Hauspflastern, für Menschen und Vieh in den mehrsten Fällen das beste ist."[52]

Während nun der obige Hinweis auf die teuren Lebensumstände in der Noris durchaus ernst gemeint war, ist ein anderes Lokalsprichwort spöttischer Natur:

Wenn ich so künstlerisch wäre wie du,
so bliebe ich nicht in Nürnberg.

Zahn kommentiert es Anfang des 19. Jahrhunderts wie folgt: „Also spricht man ironisch zu Leuten, welche ihre geringen Talente viel höher schätzen, als sie geschätzt zu werden verdienen. Es heißet also so viel als: In Nürnberg, wo Künste und Wissenschaften florieren, wirst du mit deiner wenig bedeutenden Geschicklichkeit dein Glück nicht machen, suche also in fremden Orten mit deiner eingebildeten Kunst und Geschicklichkeit, Brod und Ruhm zu erwerben."[53]

Eine wahre Kunst hingegen war in Nürnberg die Goldschmiede-kunst, die in Gestalt eines Lehrbubs ebenfalls sprichwörtliche Er-wähnung findet:

Er denkt wie der Goldschmieds-Jung in Nürnberg.

Es handelt sich hier um eine örtliche Variante der überregionalen Redensart „denken wie Goldschmieds Junge". Eine solche „muß sich auf eine eventuell nur lokal erzählte Geschichte von einem Lehrling der Goldschmiedekunst beziehen, die aber noch nicht nachgewiesen ist."[54] Zahn erwähnt nun bei der Nennung der Nürnberger Variante eine diesbezügliche Wandererzählung aus Schwaben. Danach machten die Gesellen eines Goldschmieds dem einfältigen Lehrjungen weis, dass im Falle einer Schwanger-schaft der Frau Meisterin er dafür als erster verantwortlich ge-macht werden würde. Darauf versicherte der naive „Gold-schmieds-Jung" seinem Lehrherrn hoch und heilig, „daß, wenn die Madam schwanger wäre, er daran nicht schuld seie."[55] Von daher interpretierte Zahn im Jahre 1815 die Nürnberger Redens-art wie folgt: „Mit gedachtem Goldschmieds-Jungen werden nun verglichen Personen, die zwar aufrichtig, fromm und ehrlich, je-doch blöden Verstandes sind und daher von andern leicht gemiß-brauchet und zu Torheiten verleitet werden können."[56] Diese An-wendung deckt sich jedoch nicht mit „Er denkt wie Goldschmieds Junge." Letztere wurde im 17. und 18. Jahrhundert im Sinne des Götz-Zitats gebraucht, d. h. dieser Junge schweigt zu einer Krän-kung etc., denkt sich aber: „Du kannst mich mal…"[57] In Nürnberg hingegen schwieg man nicht, wenn man eine bestimmte Einstel-lung zur Zukunft hatte:

**Ich tu's dies Jahr nicht, sagt man in Nürnberg,
aufs ander Jahr kommen die Heiden.**

„Der Spruch stand in Nürnberg angeschrieben."[58] „Angeschrie-ben" war wohl ein Satz wie „Ich thu's dies Jahr nicht; auffs ander Jahr kommen die Heyden", der sich schon im 16. Jahrhundert belegen lässt und den Wander folgendermaßen kommentiert: „Von Uebeln, die einen nicht berühren können."[59] Aus dem „angeschriebenen" Satz hat sich dann offenbar ein apologetisches Sprichwort entwickelt, zu dem Dreyer schreibt: „Der Bequeme mag sich mit dem Spruche trösten."[60] Und Maas merkt hier an: „Gemeint wird etwa sein: Ich erfülle die Forderung nicht, denn bald wird sowieso alles zerstört."[61] Die fatalistische Einstellung wurde auch nicht allein in einem Wellerismus zum Ausdruck gebracht. So hieß es oft nur: „In hundert Jahren kommen die Heiden ins Land."[62]

Sorgen sollten sich aber dennoch Leute machen, die unverheiratet geblieben sind:

In Nürnberg müssen die alten Jungfern mit den Bärten alter Junggesellen den Weißen Turm fegen.[63]

Der Volksglaube, dass alte Jungfern oder Hagestolze nach ihrem Ableben an einem bestimmten Ort eine gewisse (Straf-) Arbeit verrichten müssten, war weit verbreitet. So mahnte man einst in Breslau heiratsfähige Mädchen: „Die alten Jungfern müssen den Elisabethturm waschen"[64] und in Oberösterreich hieß es: „Die alten Jungfern müssen nach ihrem Tode Wolken schieben."[65] Wander schrieb zu dieser Thematik: „Der Ehestand galt im Mittelalter als von der Religion geboten und ledig sein für Ketzerei"[66] bzw. „Ein Vorwurf erwuchs dem Manne aber erst dann daraus, wenn er in die höhern Jahre gekommen war. Um im gesetzlichen Sinne ein Hagestolz zu sein, musste er ein Alter von funfzig Jahren, drei Monaten und drei Tagen erreicht haben."[67]

Für lediggebliebene Nürnberger bot sich nun als Strafort der markante „Weiße Turm" an, der nach der Entfernung des Außenputzes heute allerdings keinen weißen Anstrich mehr hat. Er war einst als Tor-Turm Teil der Nürnberger Stadtbefestigung. Ihm gegenüber befindet sich jetzt eine der vielen Touristenattraktionen Nürnbergs, das „Ehekarussell". Es handelt sich dabei um Europas wohl größten Figurenbrunnen des 20. Jahrhunderts. Die Figurengruppen beziehen sich auf das Gedicht „Das bittersüße eh'lich Leben" des oben erwähnten Hans Sachs.

Abb. 7 „Alte Jungfern müssen den Weißen Turm fegen": Weißer Turm und katholische Kirche St. Jakob in Nürnberg. – Kolorierter Kupferstich von Johann Adam Delsenbach, um 1730.

Mit einem anderen Brunnen Nürnbergs hat dann dieser sprichwörtliche Vergleich zu tun:

**Er steht da,
wie das Gänsemännchen in Nürnberg.**

„Wenn jemand unter beiden Armen Gegenstände, Packete [sic!] u. s. w. hält und ruhig steht. Das Gänsemännchen ist ein Bauer am nürnberger Brunnen, der unter jedem Arme eine Gans hält, aus deren Schnabel das Wasser des Brunnens sprudelt."[68] Dieser berühmte „Gänsemännchenbrunnen", einer der ältesten Nürnbergs, wurde um 1550 vom Erzgießer Pankraz Labenwolf (1492–1563) angefertigt. Er stand ehedem auf dem Hauptmarkt vor der Frauenkirche und befindet sich jetzt im Hof des Rathaus-Neubaus.
Vom Gänsemann nun zu einem unbestimmten Mann:

Abb. 8 „Er steht da wie das Gänsemännchen von Nürnberg": Das voll bepackte
Gänsemännchen auf dem gleichnamigen Brunnen in Nürnberg. – Fotografie um
1940.

In Nürnberg is a no e Ma,
hat ni alles gsehe.

(= In N. ist auch noch ein Mann, der nicht alles gesehen hat.) Dazu heißt es im *Schwäbischen Wörterbuch*: „Ich bin nicht so neugierig."[69] Mit anderen Worten: Ich muss nicht alles gesehen haben. Weitere schwäbische Versionen waren *In Nürnberg isch au no e Ma, hat nit alles gsehe*[70] und *Z' Nürnberg ist au e Männle, des net alles weiß*.[71] Doch nicht nur im Schwabenland diente Nürnberg hier als fester Bezugspunkt. Gleiches behauptete man in der benachbarten Oberpfalz: *Àtz Nürnberg is äñ an álds Màndla und woiß niad Állas*.[72] (= Zu N. ist auch ein altes Männlein und weiß nicht alles.) Selbst im Bayerischen Wald bezog man sich in dem Zusammenhang primär auf die Frankenmetropole: *Aa z Nürnberg woaß ma net alls!* [73] (= Auch in Nürnberg weiß man nicht alles!)
Ein in Mundart überliefertes Sprichwort über Nürnberg gibt es zudem aus dem Böhmerwald:

Ums Göld spulns man z' Nürnberg.

(= Auch in Nürnberg spielt man um Geld.) Zur Erklärung schreibt Viehbeck-Veith: „Mit Geld kann man alles haben."[74] Mit Geld und Nürnberg hat zudem eine hochdeutsche Parömie zu tun, die bereits 1724 nachweisbar ist: *Was macht man nicht zu Nürnberg ums Geld!*[75] Sie wird von Dreyer wie folgt kommentiert: „Etwas wie verhüllter Spott auf die vielseitige Nürnberger Industrie."[76] Tatsächlich konnte man, so der Oberpfälzer Volksmund, in Nürnberg alles bekommen, mit einer Ausnahme:

Z' Nürnberg kóñ ma-r Állas hóbm när
kóiñ Weihwáßar.[77]

(= In Nürnberg kann man alles haben, nur kein Weihwasser.) „Es wird auf Stadt-Land-Differenzen in Frömmigkeit und, von der katholischen Oberpfalz her, auf konfessionelle Unterschiede gewiesen."[78] Heutzutage ist übrigens in Nürnberg der Prozentsatz derjenigen, die weder evangelischen noch katholischen Glaubens sind, höher als der der Protestanten oder Katholiken (jeweils etwa 30 %). In der Oberpfalz haben letztere immer noch einen Anteil von rund 80 %.

Nicht direkt mit dem Glauben, wohl aber mit Kircheninventar hat nun ein anderes Sprichwort über Nürnberg zu tun:

**Sie scheissen alle Brei,
sagt's Glockengiessers Hänslein zu Nürnberg.**

Wander gibt hier als Quelle Johann Fischart (1546–1591) an,[79] einen Hauptvertreter des sogenannten „Grobianismus", dem u. a. auch Nürnbergs Spruchdichter Hans Sachs angehört. Was nun das apologische Sprichwort anlangt, so gab es in Nürnberg in der Tat einen Hans Glockengiesser, dem durchaus ein gewisser Bekanntheitsgrad zugesprochen werden kann. Es finden sich jedenfalls in einer alten Nürnberger Chronik beim Jahre 1552 folgende Zeilen: „Dis Jahr hat Hans Glockengiesser/ die Feuerglocken in Sanct Lorenzer Kirchen gegossen/ hat gewogen 40 Centner 15 Pfund. Daran stehen diese Verß: ‚Die Tagmeß und Feuerglocken heißt man mich/ Hans Glockengiesser goß mich/Zu Gottes Ehr und Dienst gehör ich'."[80] Ob das derbe Sagte-Sprichwort mit dieser realen Person zusammenhängt, ist naheliegend, aber nicht eindeutig nachweisbar. Auf eine andere Nürnberger Berühmtheit soll folgender Satz zurückgehen:

**Mit guten Worten und scharfen Strafen
regieren die zu Nürnberg.**[81]

Dies ist offenbar eine Urform des im 16. Jahrhundert belegten Sprichworts „Mit guten Worten und harten Strafen hält man den Pöbel im Zaum."[82] In Merians *Topographia Franconiae* vom Jahre 1656 wird der Nürnberger Patrizier Anton Tucher als Urheber des Spruchs genannt: „Es ist eine grosse Menge Volck zu Nürnberg … Man schreibet/ daß entweder Kayser Friederich der Vierdte/ oder Kayser Ferdinand der Erste/oder sie alle beyde/ … einen Rathsherrn … Herrn Antonium Tucher/ solle gefraget haben/welcher Gestalt sie eine so grosse Meng Volcks regieren könten? Darauff der Rathsherr geantwortet: ‚Mit guten Worten/ und schweren Straffen.‘"[83]

Hat dieses Gespräch tatsächlich so stattgefunden, kann es sich bei dem besagten Ratsherrn nur um Anton Tucher II. d. J. oder aber seinen Vater Anton Tucher I. d. Ä. (1417–1476) gehandelt haben. Beide hatten es nicht nur zum Ratsherrn, sondern auch zum „Ersten Losunger" gebracht, eine Funktion, die mit der des heutigen Oberbürgermeisters vergleichbar ist. Da der jüngere Tucher, der als Mitglied der „Bruderschaft der deutschen Kaufleute" auch mehrere Jahre in Venedig tätig gewesen war, im Jahre 1524 – lange nach seinem Vater – starb, scheidet der Habsburger Ferdinand I., der die Kaiserkrone erst ab 1556 innehatte, für beide als möglicher Gesprächspartner aus. Somit kann es sich bei dem Frager nur um Kaiser Friedrich III. (1415–1493) gehandelt haben, der – wenn man Friedrich den Schönen bei den römisch-deutschen Kaisern mitzählt – in manchen Quellen bisweilen als Friedrich IV. fungiert. Dieser, „den Zeitgenossen ‚Erzschlafmütze des Heiligen Römischen Reiches‘ nannten,"[84] war des Öfteren in Nürnberg, so auch im Geburtsjahr Albrecht Dürers: „Durch das Frauentor zog der Kaiser in die Stadt ein, hoch zur Nürnberger Veste … Der Kaiser zeigte sich rundum zufrieden, besonders weil ‚so vil volckes zu Nürmberg zu komen begirlich war‘".[85] Dieser explizite Hinweis auf die große Menge Schaulustiger macht es noch wahrscheinlicher, dass der bei Merian zitierte Fragesteller Friedrich III. war. Vielleicht kam es dazu bei dem Erkundungsritt, der wegen der „Gefangennahme" des Kaisers durch die Stadthuren legendär wurde:

„In Begleitung zweier Ratsherren machte er einen Erkundungsritt durch die Stadt, inspizierte die Kornhäuser und lobte die Erzeugnisse der Nürnberger Handwerker, als er deren Werkstätten besichtigte. Ein zumindest für die Nürnberger Bevölkerung unvergessliches Ereignis wurde seine Begegnung mit den Huren der Stadt. Die erlaubten sich nämlich den Spaß, den Kaiser einzufangen, worauf dieser meinte: ‚wir sind ie nit gern gefangen, wir wollen uns ee auß losen‘, was ihm mit einem Gulden auch gelang. Die Stadtknechte ließen die Huren gewähren, möglicherweise, weil das

Volk die unvorhergesehene Begegnung mit den Prostituierten als Zeichen von Glück und Fruchtbarkeit empfand."[86]

Einer der beiden Ratsherren, die damals Friedrich III. begleiteten, war wohl Anton Tucher, und zwar definitiv der Ältere. Denn Anton Tucher der Jüngere war bei dem Kaiserbesuch 1471 erst 13 Jahre alt. Mithin war also sein Vater, ob nun bei dem geschilderten Erkundungsritt oder bei anderer Gelegenheit, derjenige, der auf die Frage des Kaisers, wie man so viele Leute denn regieren könne, die sprichwörtlich gewordene Antwort gab.

Ein anderer Spruch über „die zu Nürnberg" bzw. „die von Nürnberg" hatte schon vorher im Volksmund Verbreitung gefunden. Er bezog sich auf einen Vorfall im Jahre 1450: *Die von Nürmberg haben den Hirsch vor Spalt verschüttet* (→ Spalt).

Einige Jahrzehnte später, also Ende des 15. Jahrhunderts, dürfte auch folgende Bemerkung volkstümlich geworden sein:

Wenn du zu Nürnberg wärst,
gäbe man dir die Wahl.[87]

Der Erstbeleg findet sich in der *Zimmerschen Chronik* von 1514, wo eine Dame einen Ritter mit diesen Worten rüde abweist.[88] Karl August Barack macht hier auf entsprechende Stellen in den Werken des Satirikers und Kontrovers-Theologen Thomas Murner (1475–1537) aufmerksam, die die seinerzeitige Bekanntheit des Sprichworts belegen. So heißt es etwa in Murners Schrift *Von dem großen Lutherischen Narren* aus dem Jahre 1522: „Wer eine freie wal begert, Dem gibt man sie zu Nürenberg, Wie er will schlecht oder zwerg."[89] Am plausibelsten für das Zustandekommen des im 18. Jahrhundert wieder ausgestorbenen Spruches klingt nun folgende Interpretation: „Man ließ einem zu Tod verurteilten Verbrecher einen letzten Wunsch, sich eine bestimmte Todesart zu wählen. Der arme, schlaue Mann erkor sich den Tod durch Alter oder Krankheit. Da die Richter das Versprechen nicht brechen wollten, mußte man auf seine Wahl eingehen. Irgendein lustiger Kauz verlegte den Ort dieses Geschehens nach Nürnberg."[90]

Von einer gewissen Willens- bzw. Wahlfreiheit in Nürnberg, in dem Fall einer religiös-moralischen, handelt auch der nächste Spruch:

Es hat einer zu Nürnberg
so nahe zum Himmel als zu Rom und auch zur Hölle.[91]

Dieses schon 1630 in Lehmanns *Florilegium Politicum* enthaltene Sprichwort wurde, so Maas, von dem ursprünglichen „Je näher Rom je näher der Hölle" auf Nürnberg übertragen.[92]

Die letzte Parömie mit „zu Nürnberg" setzt die Noris in Beziehung zur größten deutschen Stadt im ausgehenden Mittelalter:

Zu Köln ist gut handeln,
da kann man um einen Wunsch so viel kaufen,
als zu Nürnberg um drei Last.[93]

Mit „Last" ist eine alte Gewichts- bzw. Raumeinheit gemeint, z. B. drei Last Salz. Letzteres wäre heute ungefähr 6 Tonnen. D. h. im Durchschnitt wog eine Last 2000 kg. Ursprünglich war damit die Getreidemenge gemeint, die von einem mit vier Pferden bespannten Fuhrwerk gezogen werden konnte. Beim Getreidemaß entsprachen 60 Scheffel einer Last, also etwa 3000 Liter. Das betreffende Sprichwort ist schon 1616 belegbar.[94] Es bezieht sich nicht zuletzt auf die „Kaufleute von Nürnberg", die in einem speziellen Spruch gewürdigt wurden:

Die Herren von Ulm,
Die Kaufleute von Nürnberg,
Die Bürger von Augsburg.[95]

1724 ist dazu diese Variante vermerkt: *Zu Augspurg die Kauffleute / zu Ulm die Herren / und zu Nürnberg die Krämer.*[96]

Kaufleute bzw. Krämer zählten auch zu den Bürgern. Und über die Bürger von Nürnberg hieß es einst:

Der König von Schottland
wohnt nicht wie ein Bürger von Nürnberg.[97]

Das Sprichwort geht offenbar auf Kardinal Aeneas Sylvius de Piccolomini (1405–1464) zurück. Er wurde später als Pius II. Papst. Gesagt haben soll er: „Wenn doch die Könige in Schottland so wohnten wie die gemeinen Bürger zu Nürnberg.“[98] Letztere bzw. die „Herren von Nürnberg“ sollen dann gesagt haben:

Mit Nichten – sagen die Herren von Nürnberg.[99]

„Die Markgrafen von Brandenburg von der fränkischen Linie hatten in ihrer Eigenschaft als kaiserliche Burggrafen von Nürnberg seit dem Jahr 1496 das Territorialrecht bis vor die Thore dieser Reichsstadt, und in Folge dessen auch das Recht, den auf die Messen von Frankfurt, Leipzig und Braunschweig reisenden Nürnberger Kaufleuten das Geleit von den Stadtthoren an bis zu den jenseitigen Grenzen ihres Gebietes zu geben. Da nun die markgräflichen Geleitshauptleute, wenn sie die Nürnberger Reisenden vor den Thoren der Stadt zur Geleitgebung übernahmen, sich der Anrede zu bedienen pflegten: ‚Se. Durchlaucht der Markgraf, Euer und Mein Herr‘ fielen ihnen die Nürnberger bei dem Worte ‚Euer‘ jedesmal in die Rede und protestirten gegen diese Unterthänigkeits-Anmaßung mit den Worten: ‚mit Nichten‘ – wobei freilich die Sache nach wie vor ihr Bewenden hatte.“[100] Das heute selten gebrauchte Adverb „mitnichten“ ist gleichbedeutend mit „gewiss nicht/ganz und gar nicht/durchaus nicht/von wegen!/Gott bewahre!/nie und nimmer.“[101]
Mitnichten war es denn auch möglich, Nürnberg zu verfehlen. Schließlich galt:

Äf Nürnbèrg gàid übaráll a Wég.[102]

Die Feststellung, dass es überall einen Weg nach Nürnberg gibt, zeigt die Bedeutung der Frankenmetropole für die nahe Oberpfalz. Es handelt sich dabei natürlich um eine Variation von *Übaráll gàid a Wég äf Rám*[103] bzw. dem in ganz Europa verbreiteten „Alle Wege führen nach Rom".

Von einer volkstümlichen Aussage über Rom leitet sich auch eine Variante mit Nürnberg her:

Wenn man Einen bis nach Nürnberg trägt,
und setzt ihn dann nur umsanft nieder, so ist's kein Dank.

Schellhorn erläuterte dieses Sprichwort im Jahre 1797 wie folgt: „Wenn man Einem noch so viel Gefälliges gethan hat, und willfährt ihm einmal nicht, oder thut ihm das geringste Unangenehme, so ist gleich alles Vorige vergessen."[104] Der Spruch ist offensichtlich eine Abart des weitaus üblicheren Satzes mit Rom, der sich schon im 16. Jahrhundert bei Agricola findet: *Wer dich ärßlich gen Rom trüg / vnd herwider / vnnd setzte dich ongefahr ein mal vnsanfft nider / so were es alles verloren.*[105]

Das in der Rom-Version benutzte „gen" im Sinne von „nach" taucht auch in einem anderen Spruch über Nürnberg auf:

Wer nit Huren und Buben unter seinem Geschlecht hab,
der zieh gen Nürnberg und wisch den Reim ab.[106]

„Buben und Huren" war einst eine Zwillingsformel für „Gesindel, schlechte Gesellschaft". So heißt es etwa sprichwörtlich: „Buben und Huren kommen leicht mit einander überein".[107] Dass übrigens einst nicht jegliches Bordell in Nürnberg geduldet wurde, zeigt ein Vorfall aus dem Jahre 1508, den v. Falckenstein mit „Bordel von Weibern zerstöret" überschreibt:

„Die Nürnbergischen Chroniken führen an, daß in diesem Jahre die Weiber in Nürnberg ein Bordel in N. Kolben Behausung unter der Festen ausgespüret. Und als sie dieses zu stürmen Erlaubnis erhielten, fielen sie mit grosser Wuht in dasselbe, schlugen Thür, Fenster und Oefen ein und plünderten das Haus. Das war ein Amtseiffer zur Erhaltung des weiblichen Respects."[108]

Bei diesen „Weibern" dürfte es sich um sogenannte „gemeyne Weiber" gehandelt haben, die im seit Anfang des 15. Jahrhunderts an der alten Stadtmauer bestehenden Frauenhaus unter städtischem Schutz ihrem Gewerbe nachgingen und sich auf diese Weise heimlicher Konkurrenz von „Winkeldirnen" zu entledigen trachteten.

Was es nun mit dem besagten Reim auf sich hat, verrät *Grimms Wörterbuch*: „In Nürnberg stand ein reim, der den leser aufforderte, ihn auszuwischen, wenn er unter seinem geschlecht keine huren oder buben habe. dieser [sic!] reim von Nürnberg war in sprichwörtlichen wendungen weit bekannt."[109] So gab es z. B. noch die Variante *Wer nicht einen ungeratenen Kerl in seinem Geschlecht hat, der gehe nach Nürnberg und lösche den Reim aus.*[110] Der „Reim", aus dem sich dann die besagten „sprichwörtlichen wendungen" entwickelten, war hier also eine in Reimform gehaltene „Inschrift", ein zur Schau gestellter Spruch. Er lautete wohl in seiner Urfassung: „Der nicht hurn vnd buben in seym gschlecht hab, der lösch frölich dissen reym ab, Byss hir hat yn nymandts aussgethan, darvmb lieber gesell lass yn auch stahn."[111] Er scheint schon im 15. Jahrhundert angebracht worden zu sein.

Wie bekannt das daraus entstandene Sprichwort einst war, zeigen zudem spätere Belege. So wettert etwa Johann Balthasar Schupp in seiner *Corinna* vom Jahre 1660: „Manche Hure und Ehebrecherin fragt zwar nichts darnach / daß man von ihr rede / sondern saget: Wer keine Huren und Buben in seinem Geschlechte hat / der gehe nach Nürnberg und wische den Reimen aus / Allein ich sage euch / ihr Gottlosen Huren /wer nicht in die Hölle will / der dencke nicht an den Reimen zu Nürnberg / sondern an den Spruch Pauli I. Cor. 6 da er sagt / daß die Hurer und Ehebrecher / und also auch die Huren und Ehebrecherinnen/ das Reich Gottes nicht ererben werden."[112]

Nicht um einen Reim, sondern um eine Redensart geht es bei:

Drauf mitm Arsch nach Nürnberg reiten können.

„Formel für ‚stumpfes Messer'"[113] Die Formel ist für Oberehrenbach am Walberla in der Fränkischen Schweiz belegt.[114] Vom Leutenbacher Ortsteil Oberehrenbach hätte ein Pferd bis nach Nürnberg rund 35 km zurückzulegen. Ähnliches wurde in vielen Gegenden Deutschlands (mit jeweils anderen Orten) gesagt, wenn ein

Messer stumpf war. Bei einem scharfen Messer sagt der Nürnberger übrigens „Des Messer schneid wäi der Deifl"[115] (→ Bamberg) „Der Nürnberger" sagte auch:

Nehmen's Essig und Öl ins Maul und schütteln's gut, so ist es fertig, sagte der Nürnberger, als ihn einer fragte, wie man guten Ochsenmaulsalat mache.[116]

Herbert Maas beschreibt den „Ogsnmaulsalood" wie folgt: „Nürnberger Spezialität ‚Kleingehacktes vom Maul des Rinds in Essig und Öl mit Zwiebeln'".[117] Ochsenmaulstücke sind zudem Bestandteil vom „Nürnberger Gwärch oder auch Gwerch … Es heißt verbreitet, es bestünde aus Ochsenmaulstücken, weißem Presssack oder rotem Presssack in feinen Streifen und zerkleinerter Nürnberger Stadtwurst sowie Zwiebelringen."[118]

Über „die Nürnberger", d. h. die Bewohner der Stadt, gibt es dann eine Reihe von teils sehr alten Sprichwörtern. In aller Munde war z. B.:

Die Nürnberger hängen keinen, sie hätten ihn denn zuvor![119]

Angeblich geht das Sprichwort auf eine konkrete Begebenheit zurück: Als man in Nürnberg einst einen Dieb hängen wollte, riss der Strick und der Verurteilte fiel unversehrt zu Boden. Die Zuschauer sahen das womöglich als einen Fingerzeig Gottes an und wollten von einer Hinrichtung nichts mehr wissen. Daraufhin vertagte der Rat der Stadt die Vollstreckung und wandte sich an das Reichskammergericht. Dieses, in Zivilsachen oberste Gerichtsinstanz des Heiligen Römischen Reiches Deutscher Nation, hatte von 1527–1689 seinen Sitz in Speyer und war nicht für schnelle Abwicklungen bekannt. Als von diesem nach vielen Jahren doch noch ein Bescheid eintraf, wusste der neue Rat gar nichts mehr von dem Vorgang und auch der zu henkende Verbrecher war nicht mehr greifbar: er war schon lange vorher verstorben.[120]

Abb. 9 „Die Nürnberger hängen keinen, sie hätten ihn denn zuvor!": Der legendäre Sprung des Raubritters Eppelein von Gailingen über die Burgmauer. – Postkarte von 1901.

Die Sache mit dem Entstehen des einst so populären Spruches wird aber auch noch ganz anders begründet: „Der sagenhafte Ritter Eppelin von Gailingen hatte der Stadt schon manchen Streich gespielt und war endlich gefangen worden. Er sollte gehenkt werden, durfte aber vor Vollziehung des Urteils noch eine Bitte aussprechen. Er bat nur um die Erlaubnis, noch einmal sein treues Roß besteigen zu dürfen. Kaum war das geschehen, so setzte er mit kühnem

Sprunge über den Burggraben und war bald dem Gesichtskreis entschwunden. Daher das Sprichwort."[121]

Der berüchtigte Raubritter Eppelein von Gailingen (um 1320–1381) wurde dann später erneut aufgegriffen und im nahen Neumarkt in der Oberpfalz durch Rädern – eine der schmachvollsten Todesstrafen des Mittelalters – hingerichtet. Dieser „Placker" (damaliges Synonym für „Raubritter") dürfte wohl richtigerweise Eckelein Gailing geheißen haben und aus der Nähe von Rothenburg ob der Tauber stammen. Angeblich hauste er auch auf der Burg Dramaus bei Trameysel (heute Ortsteil Trainmeusel der Gemeinde Wiesenttal): „Da reit der Nürnberger Feind aus, Eppela Gaila von Dramaus."[122] Die Existenz der Burg Dramaus lässt sich allerdings nicht nachweisen.

Was nun die bis heute verbreitete Neckerei über das Henken in Nürnberg anlangt, so ist deren Herleitung aus der Eppelein-Sage wohl am plausibelsten, zumal sie auch als „Spottvers, der seinerseits aus einem Volkslied des 16. Jahrhunderts hervorgegangen ist", kursierte.[123] So meinte Dreyer im Jahre 1920: „Aus der Zeit des Raubrittertums stammt das in dem abenteuerlichen ‚Simplizissimus' und auch heute noch vielfach gebrauchte Sprichwort: ‚Die Nürnberger hängen keinen, sie haben ihn denn' (oder: ‚sie hätten ihn denn zuvor'), eine Anspielung auf die sagenhafte Befreiung des Raubritters Eppelein (richtiger Ekkelein) von Gailingen aus den Händen der Nürnberger."[124] Die besagte Erwähnung des Sprichworts in Grimmelshausens *Simplicissimus* vom Jahre 1669 hat sicherlich ebenfalls viel zu seiner Popularität beigetragen.

Mitunter schreibt man den legendären Satz gar Eppelein selber zu: „‚Die Nürnberger hängen keinen, sie hätten ihn denn zuvor', soll er nach dem Sprung spottend den verblüfften Bürgern zugerufen haben. An der nach Norden weisenden Mauer der Burggrafenburg unweit des Fünfeckturmes meinen viele heute noch die Hufabdrücke von Eppeleins Pferd zu sehen."[125]

Als dritte Quelle käme hier dann noch die 32. Historie des Eulenspiegelvolksbuches in Frage. „Dort läßt Eulenspiegel die ihn verfolgenden Nürnberger Stadtwächter von einer Brücke, an der er vorher einige Bohlen gelockert hatte, in die Pegnitz stürzen."[126]

Der Erstbeleg für dieses jahrhundertelang in ganz Deutschland benützte Sprichwort findet sich wohl in Petris *Der Teutschen Weisheit* vom Jahre 1605.[127]

Ein Beleg für seine Popularität ist der Umstand, dass es in mancherlei Variationen vorliegt und auch literarisch Verwendung fand, so etwa in Wilhelm Hauffs Gedicht *Die Mainzer Kommission* vom Jahre 1824. Dort heißt es in der fünften Strophe: „Doch Nürenberger hängen kein', Sie hätten ihn denn schon – Man sagt, so soll's gegangen sein Der Mainzer Kommission."[128] Die Mainzer Zentraluntersuchungskommission war ein reaktionäres Organ zum Überwachen und Unterbinden revolutionärer (d. h. in diesem Fall demokratischer bzw. antimonarchischer) Bestrebungen an den Universitäten.

Ein weiterer Beleg für die Beliebtheit dieses Spruches sind Mundartversionen in diversen deutschen Landstrichen. In der bairischen Mundart der nahen Oberpfalz klingt er so: *D'Nürnberger hénkn kóin wén s'n niad hóbm.*[129]

Gebraucht wurde *Die Nürnberger henken keinen, sie hätten ihn denn* natürlich meist in übertragenem Sinne, „um eine Warnung in den Wind zu schlagen, in der Hoffnung, der angedrohten Strafe zu entgehen."[130] Aus der Sicht eines Übeltäters hieße das: Solange man meiner nicht habhaft ist, kann man mich auch nicht bestrafen.

Dass sich „die Nürnberger" nun im Ernstfall genauso verhielten wie andere, unterstreicht folgender Spruch:

Die Nürnberger beißen wie die andern,
wenn sie einen Harnisch anhaben.[131]

Gemeint war mit der sprichwörtlichen Warnung wohl: wenn sie zum Kampf gerüstet sind (= einen Harnisch anhaben), sind sie so angriffslustig wie andere auch. Ein „Harnisch" bezeichnete im engeren Sinne nur den Brust- bzw. Leibpanzer, ansonsten aber die gesamte Kampfausrüstung bzw. Kampfkleidung.

Weniger schmeichelhaft für die Nürnberger ist ein sprichwörtlicher Vergleich, der den Schriften des Barockpredigers Abraham a Sancta Clara (1644–1709) entstammt:

71

Er macht eine kleine Sache so gross,
wie die Nürnberger einen Dukaten schlagen.

„Von in die Länge angespannten Prozessen, überhaupt von un-
nöthigen Weitläuftigkeiten."[132] Doch andere sahen bei den Nürnbergern nicht nur das ausgiebige Dukatenschlagen, sondern auch
das Schlagen einer gewissen Uhr als problematisch an:

Man weiß, was es geschlagen hat,
nur die Nürnberger wissen es nicht.

„Neben der normalen Stundeneinteilung des Tages gab es einst in
Nürnberg und in anderen nahe gelegenen Städten wie Regensburg,
Windsheim und Rothenburg die sogenannte Nürnberger große
Uhr ... Tag- und Nachtstunden wurden als gesonderte Reihe ge-
zählt und je nach Jahreszeit verändert, so daß z. B. am kürzesten
Tag der Tag nur 8 Stunden, die Nacht 16 Stunden zählte. Da die
Uhren und ihre Schlagwerke auf diesen komplizierten Wechsel
nicht eingerichtet waren, verkündeten Wächter mit einer von Hand
geläuteten Glocke die jeweilige Stunde der Großen Uhr. Diese
Zeitrechnung ... hielt sich vom 14. Jahrhundert bis zum Ende der
Reichsstadt ... Fremde, die um 1800 nach Nürnberg kamen, wurden völlig verwirrt, weil die Hauptkirchen die große oder italieni-
sche Uhr schlugen, während die übrigen Zeitverkünder wie der
Laufer Schlagturm oder der Weiße Turm schon die Nürnberger
Kleine Uhr oder die moderne Stundenrechnung verkündeten. Diese Verhältnisse fanden natürlich auch in einem spöttischen Sprich-
wort ihren Niederschlag: ,Man weiß ...'."[133] Der ehemals gängige
Ausdruck „Nürnberger Stunden" bezeichnete demnach „diejenigen Stunden, wie sie die große Uhr zu Nürnberg anzeigt."[134]
Während man sich also in dem besagten Sprichwort über die
„Nürnberger Stunden" lustig machte, zollte man in anderer Hin-
sicht den Nürnbergern Lob:

De Nürnberger melkt nich in en Emmer,
wo ken Bom drin es.[135]

Das Lob stammt aus dem niederrheinischen Dinslaken. Dort nahm man die Nürnberger als Vorbild und sagte, dass es denen nicht einfallen würde, in einen Eimer ohne Boden zu melken.

Als Vorbild diente zudem das Verhalten der Nürnberger bei Regen:

Wenn es regnet, muss man's machen wie die Nürnberger und drunter herlaufen.

„Wer bei unsicherem Wetter fürchtet, naß zu werden, dem giebt man den scherzhaften Rath: ‚Wenn es regnet…'"[136] Die Pfälzer Version *Mir gehe unnerm Rege dorsch wie die Nirnberger* (= Wir gehen unterm Regen hindurch wie die Nürnberger) wird denn auch folgendermaßen kommentiert: „Die Redensart erinnert an den Modellcharakter, der der alten Reichsstadt Nürnberg früher einmal zuerkannt wurde."[137] Desgleichen hieß es im Badischen: *Mir gehe unnerm Reege dorsch wie die Nirnberger.*[138] Dass man in der nahen Oberpfalz sagte: *Wén's réngd, laon's d'Nürnberger ăñ rénga*[139] verwundert weniger als die Hamburger Lesart *Ik mak et as de Nürnberger, ik ga darünner weg.*[140] (= Ich mach es wie die Nürnberger, ich geh darunter weg.) Zu letzterer ist bei Röhrich zu lesen: „Die Hamburger erkennen die Nürnberger scherzhaft als kluge Leute an, wenn sie beim Regen sagen: ‚Ik mak …'"[141] Die Feststellung, dass es die Nürnberger regnen lassen, wenn es regnet, wird von Wolfgang Ernst wie folgt kommentiert: „Gedacht als Häme auf Darstellung von Großstadtpotenz. Nürnberg als einstmals berühmte freie Reichsstadt galt selbst Hamburgern im Regen spöttisch als anerkennenswert."[142]

Selbstverständlich existiert dazu auch eine fränkische Version: *Die Närmbercher genger underm Reeng wech.* (= Die Nürnberger gehen unterm Regen weg.) Dazu schrieb der Nürnberger Jurist Benedict Wilhelm Zahn um 1800: „Was tust du wenn es regnet? – Ich mache es wie die Herren von Nürnberg. – Wie machen es diese? – Sie lassen es halt regnen oder sie gehen unterm Regen weg. – Der Sinn dieses Sprüchworts ist dieser: Wenn man eine Sache oder ein Ereignis, z. B. den Regen, auf keinen Fall ändern oder abwendig zu machen imstande ist, so soll man sich der Notwendigkeit fügen und nach dem Beispiel der Stadt Nürnberg sein Schicksal geduldig ertragen. Diese Klugheit verdienet allgemein angepriesen zu werden und gereichet also oben erwähntes Sprüchwort der Stadt Nürnberg zu Ehren."[143]

Zu der Redensart „Die Nürnberger gehen unterm Regen weg" meinte Maas im Jahre 1992: „Heute noch gut bekannt ... In der Vollmundart kann man z. B. heute noch hören: ,Di Närmbercher genger undern Reeng wech', ein humorvoller Kommentar, wenn man bei Regen seinen Schirm vergessen hat."[144]

Nicht als Nomen, sondern als Attribut findet sich „Nürnberger" ebenfalls in mancherlei Sprichwörtern, so etwa vielfach in Verbindung mit den oft auch synonym gebrauchten Begriffen *Hand*, *Tand* oder *Ware*. Angefangen hat es aber wohl mit der „Nürnberger Hand":

Nürnberger Hand geht durchs ganze Land.[145]

Das Zwillingspaar Hand/Land taucht in einer Vielzahl von Volksreimen auf. Bei der „Nürnberger Hand" könnte nun anfangs die Abbildung einer Hand auf Nürnberger Münzen gemeint gewesen sein: „1381 kam es zur Gründung eines Städtebundes, und 1385 beschloß man auf dem Städtetag, nur noch Ulm, Nürnberg, Augsburg und Hall Münzen schlagen zu lassen. Damals ging das Wort um: ,Ulmer Geld regiert die Welt Nürnberger Hand geht durch alle Land'. Avers und Revers der Münzen nämlich trugen Kreuz und Hand."[146]

Später bezog man dann „Hand" generell auf die Nürnberger Handwerksprodukte. 1656 etwa heißt es bei Merian über Nürnberg: „Da weder Weinwachs/ noch Schiffarth ist/ die auch nicht eben/ sondern auff etlichen Berglein erbauet/ deren Hand jedoch durch alle Land gehet."[147] Der Terminus „Nürnberger Hand" wird dann 1724 vornehmlich mit Manufakturen, Puppenzeug und Eisenwaren erklärt.[148]

In Schramms *Reise-Lexicon* vom Jahre 1744 ist der Reim beim Kapitel „Kunst-Arbeit" wie folgt kommentiert:

„Nach dem bekannten Sprichwort: ,Nürnberger Hand gehet durch alle Land', ist von sich selbst zu ermessen, daß allhier das Commercium von grosser Wichtigkeit sey. Die vielen Manufacturen, sonderlich Messer, Spiegel, Schellen und dergleichen, werden fast durch die gantze Welt verführet … Die schönen Kupfferstiche, beliebte Land-Charten, musikalische, mathematische und mechanische Instrumente, auch kunstreiche Arbeit in Meßing und Elffenbein, zeugen von der Arbeitsamkeit und dem Fleiß derer vielen allhier sich befindenden Künstler. Man findet hier auch verschiedene Handwercker, welche man die gesperreten nennt, z. B. Becken-Schläger, Schellenmacher und andere, weil sie in den Mauren der Stadt eingesperret sind, und zu Erlernung ihrer Profeßion keinen Fremden annehmen, noch selber reisen, und sie anderwerts bekannt machen dürfen."[149]

Bei den Letztgenannten durften also zum Schutz von „Berufsgeheimnissen", d. h. um Verfahrenstechniken nicht preiszugeben, nur deren Produkte „durch alle Land", nicht aber die Handwerker selber. Anfang des 19. Jahrhunderts kursierte in Nürnberg offenbar auch die Variante *Nürnberger Hand ernährt alle Land*.[150] Populärer war allerdings stets die Basisversion mit „geht" statt „ernährt". So findet sich 1822 im *Taschenbuch von Nürnberg* dieser Eintrag:

„Seit dem Anfange des 15. Jahrhunderts darf man annehmen, daß in Nürnberg alles in Vereinigung stund, was deutscher Kunstfleiß zu erzeugen vermochte. Seit dieser Zeit ist nicht weiter von Vermehrung der einzelnen Zweige, sondern von ihrer Erhöhung, Veredlung, von neuen Erfindungen die Rede, welche die Stadt ausschließend, oder in größerer Vollkommenheit besaß, und um niedrigere Preise lieferte, als dies an andern Orten möglich wurde. Nürnberger Hand gieng durch alle Land, wie das alte Sprichwort sagt; ihre Erzeugnisse steigerten sich zur unentbehrlichen Sache für die deutsche Welt, auch für andere Länder. Nur dadurch wird es erklärbar, wie die Stadt so mancher Störungen, gewaltiger Angriffe ungeachtet, nicht nur ihre Blüthe in diesem Jahrhundert erhalten, sondern auf die höchste Stufe heben konnte, so daß vielleicht das einzige Augsburg ihr an Reichthum, Festigkeit, Größe, Menge von kriegerischen Einwohnern gleich kam."[151]

Gut ein Jahrzehnt später gab es jedoch zu den Nürnberger Produkten schon diesen Hinweis: „Die Wahrheit verlangt es aber, dass wir hier hinzufügen, dass auch unter diesen Artikeln manche Kleinigkeiten und Spielereien von sehr geringem Werth sind, daher auch das alte Sprüchwort: ‚Nürnberger Hand' geht durchs ganze Land, von Spöttern in ‚Nürnberger Tant' u.s.w. verwandelt worden ist."[152]

Nürnberger Tand geht durchs ganze Land.

„Nürnberger Tand" ersetzte hier in der Tat das althergebrachte „Nürnberger Hand". Doch hat man die neue Reimversion und deren leicht modifizierte Varianten durchaus auch noch des Öfteren in lobender Weise auf Nürnberger Erzeugnisse im Allgemeinen bezogen.[153] Meist aber waren damit ganz bestimmte Produkte gemeint: „Auf die Nürnberger Spielzeugindustrie spielt das Sprichwort an: ‚*Nürnberger Tand geht durch alle Land*'."[154] Das Wort „Tand" hatte übrigens schon seit Langem auch die Bedeutung „Spielzeug" gehabt. So findet sich in einem mittelniederdeutschen Lied vom Jahre 1414 „tant van Nurenberch", was bei den Grimms mit „Nürnberger spielware" gleichgesetzt wird.[155]

Zur Frage „Nürnberger Tant, wie dieses zu verstehen" äußerte sich dann Johann Heinrich von Falckenstein im Jahre 1750 wie folgt: „Hierbey wollen wir auch noch des ‚Kindleinsmarkts', oder ‚Christkindleinsmarkts' … gedenken, welcher einige Wochen vor dem Weynachtsfest gehalten wird, da nemlich auf dem Herrenmarkte man eine grosse Menge Boutiquen aufgebauet, und in denenselben vielerley, meistentheils aber zum Christkindleins-Bescheren ein- und zugerichtete Wahren, zum Kauf ausgelegt siehet. Die Boutiquen stehen des Abends bis 9 Uhr, doch von vielen Lichtern illuminiret, offen, welches des Nachts einen schönen Prospect machet. Da schauet man nun allerley, theils aus Holz, theils aus Zucker gemachtes Klapper- und Spielwerk für die Kinder. Dieses könnte nun wohl, wie anderwärts und ausserhalb Nürnberg geredet wird, ‚Nürnberger Tant' genennet werden."[156]

In einer diesbezüglichen Fußnote weist v. Falckenstein noch auf Ausdrücke wie Narrentant, Weibertant, Menschentant und Kindertant hin und fährt danach fort:

Abb. 10 „Nürnberger Tand geht durch alle Land": Der „Kaufmannszug" von Georg Kellner. – Nachbearbeitete Fotografie des Gemäldes an der Hausfassade der IHK in Nürnberg.

„In dieser letzten Bedeutung könnte endlich das Wort ‚Nürnberger Tant' angenommen werden, wann es auf allerhand Kinderspielwerk, Poppen, Docken sein Absehen hat; denn da hat es seine Richtigkeit, wenn die Kinder dergleichen Spielwerk kaum bekommen, und eine kurze Zeit damit gespielet haben; so zerbrechen sie es bald wieder also, ‚ut ne tantum supersit'. In diesem Verstande liesse es sich noch hören; keinesweges aber in andern zu Nürnberg verfertigten nüzlichen und künstlichen Sachen, ‚quae in tantum artefacta, ut conserventur & admirentur'."[157]

Hier wurde also der Terminus „Nürnberger Tand" schon nur im Hinblick auf Spielwaren für gerechtfertigt angesehen, was zeigt, dass er damals hie und da auch noch in umfassenderer Weise gebraucht wurde. Danach hat man ihn dann meist tatsächlich nur in engerem Sinne verstanden: „Nürnberger Tand" (der Spielkram für Kinder)"[158] bzw. „Damit war nicht allein Spielzeug gemeint, das in der Stadt hergestellt worden war, sondern auch solches, das von woanders herkam (z. B. aus dem Erzgebirge) und über Nürnberg in die Welt hinausging."[159]

Anfang des 20. Jahrhunderts befasste sich die Nürnberger Spielwarenfabrikation z. B. „vornehmlich mit der Herstellung von Zinnfiguren (Bleisoldaten), blechernen Eisenbahnen, mechanischen Spielsachen als Dampfmaschinen, Elektromotoren und dergl. (Spielzeug aus Blech- und Lackmetall)."[160] Zu der Zeit schien der Begriff „Nürnberger Tand" bereits eine weitere Bedeutungseinschränkung erfahren zu haben: „Nürnberger Tand (Flitter, Lametta, Christbaumschmuck, Tressen, Englhaar etc.) wandert heute noch wie ehemals durch alle Lande."[161]

Doch schon Jahrhunderte davor konnte mit „Nürnberger Tand" ebenfalls etwas ganz Spezielles gemeint sein, und zwar ein Geschicklichkeitsspiel mit eisernen Stiften und Ringen: „Das Grillenspiel, der Grillenfänger, auch Nürnberger Tand, Wirreisen, Zankeisen genannt … Wer der Erfinder dieses Spieles, welches schon alt ist, gewesen, findet man nirgends angeführt, eben so wenig, ob es wirklich in Nürnberg erfunden worden … Wahrscheinlich ist der Name ‚Nürnberger Tand‘ daher gekommen, weil man es in Nürnberg hauptsächlich angefertiget und mit andern Nürnberger Waaren in den Handel gebracht hat. Hierher gehört auch das deutsche Klippklappspiel oder der verfeinerte sogenannte ‚Nürnberger Tand‘."[162]

Ansonsten aber war „Nürnberger Tand" nicht mit einem bestimmten Spiel, sondern mit „Nürnberger Spielwaren" im Allgemeinen gleichzusetzen. Das macht z. B. auch Wander für den Reim *Nürnberger Tand und treue Hand gehen durchs ganze Land* geltend.[163] Was man dabei unter „treuer Hand" verstand, verdeutlicht dieses Sprichwort: „Treue Hand geht durchs ganze Land, diebische Hand kommt bald in Schand."[164] Ein anderer Reim verbindet „Tand" nun nicht mit „Hand", sondern mit „Ware":

Nürnberger Ware und Tand
sind durch alle Welt bekannt.[165]

„Ware und Tand" mag hier ein Sammelbegriff für „Nürnberger Produkte" im Allgemeinen gewesen sein; es könnte aber auch auf eine gewisse Differenzierung hindeuten. In der Mitte des 15. Jahrhunderts brachten jedenfalls Nürnberger Krämer hauptsächlich „Stahl, Messing, Zinn und Blech sowie Nürnberger Metallwaren – genannt werden Waffen, Draht, Klingen, Messer, Schlösser, Steigbügel, Glocken, Sporen, Brillen, Fingerhüte, Zinn- und Weißblechgefäße – , Gewürze und Luxusgegenstände in den Norden."[166] Und in der teuersten Buchpublikation des 17. Jahrhunderts, dem *Atlas Maior*, vermerkte der holländische Kartograph Joan Blaeu dann, um welche Waren es sich damals u. a. handelte: „Von hier kommen die schönen deutschen Kabinettschränke für Damen, die

großen und kleinen, mehrfach verstärkten Truhen aus Eisen oder
Stahl, zahlreiche Uhren mit Schlagwerk sowie große Mengen von
Geschirr in Vermeil und Feinzinn, das fast wie Silber aussieht und
vergoldet ist, und die meisten Merkwürdigkeiten, die zur Frankfurter Messe gebracht werden."[167]

Was man nun in der ersten Hälfte des 19. Jahrhunderts unter dem
Begriff „Nürnberger Waren" verstand, erläutert Leopold von Zedlitz-Neukirch: „Unter den Fabrikzweigen nimmt jener der sogenannten kurzen Waaren, auch Nürnberger Waaren genannt, die
erste Stelle ein."[168] Als damit beschäftigte Handwerker nennt er
u. a. Alabaster-Arbeiter, Bildhauer, Bleistiftmacher, Büttner, Bürs-
tenbinder, Drahtzieher, Dosenmacher, Drahtplätter, Geschmeide-
macher, Gold- und Silberarbeiter, Gürtler, Glaszierathschneider,
Heftleinmacher, Kammmacher, Kettleinmacher, Instrumentenma-
cher, Leistenschneider, Modelstecher, Schwertfeger, Nagler, Perga-
mentmacher, Pfannenschmiede, Pappendeckelmacher, Schachtel-
macher, Schellenmacher, Täschner, Tabackskopfschneider, Wachs-
bossirer, Weissmacher und Zinngießer.[169]

Ein Zeitgenosse v. Zedlitz-Neukirchs, der Lexikograph Krünitz,
setzte den Begriff „Nürnberger Waren" direkt mit „Spielwaren"
gleich: „„Nürnberger Waaren', oder Spielwaaren, allerley Spielzeug
und andere dergleichen künstliche und zum Vergnügen gemachte
Sachen, in deren Verfertigung die Nürnberger einen großen Vor-
zug haben. Was nur in Deutschland von künstlichen Sachen verfertiget wird, ist mehrentheils zuerst in Nürnberg verfertiget worden."[170] Letzten Endes dürfte „Nürnberger Ware" oft auch mit dem
sogenannten „Nürnberger Kram" identisch gewesen sein, zu welchem Krünitz 1777 schreibt: „Wenn die Eisenkrämer in großen
Städten ein Mitglied der Krämergilde ausmachen, ist ihnen erlaubt,
neben den ‚Eisenwaaren' … auch allerhand Nürnberger und andere Kramwaaren an Spiegeln, Kämmen, Schreibtafeln, Uhren, allerhand Puppenwerke, Papier, Federn, Oblaten, Siegellack, Bleyweiß,
Röthel, Muschelfarben, fein und geschlagen Metall, Gold und Silber, Darm – wie auch messingenen und stählernen Instrumentsai-
ten, ja ganze Instrumente selbst, als: Geigen, Flöten, Trompeten,
Wald- und Posthörner, Posaunen, Zinken u. d. gl. zu führen, daher

ein solcher Eisenkram an etlichen Orten auch ‚Nürnberger Kram‘ genannt wird."[171]

Nach Herbert Maas wurden „Kram" und „Ware" durchaus synonym gebraucht. Zu „Tand" hingegen meint er: „Tand [ist] eine alte Spottbezeichnung, die im Sinne von Trödelwaren bereits im Mittelalter belegt ist … Nürnberger Waren wurden als Waren, Kramwaren, Kramerei, Nürnbergerei und Pfenwert bezeichnet und ganz selten mit dem anrüchigen Wort Tand belegt … Die Form Nürnberger Tand statt Nürnberger Hand ist erst im 19. Jahrhundert entstanden."[172] Wohl aber bezeichnete „Nürnberger Tand" schon in vorhergehenden Jahrhunderten die diesbezüglichen Spielwaren.

Zum Terminus „Nürnberger Ware" im Sinne von Spielzeug gab es zudem noch eine spezielle Redensart: *Es ist Nürnberger Ware.* Diese erklärt Wander mit „fein, nett, gut, zierlich gearbeitet".[173] Feinheit und Zierlichkeit lassen aber oft Robustheit vermissen. Und so bedeutet *Es ist Nürnberger Arbeit*[174] bzw. *Dat's Nürnbarger Arbeit* soviel wie „Nicht dauerhaft".[175] Die letztgenannte Fassung stammt aus Mecklenburg. Von dort, und zwar aus dem Raum Schwerin-Rostock, ist zudem die sprichwörtliche Aussage *Dat höllt as Nürnbarger War* (= Das hält wie Nürnberger Ware) überliefert. Dazu vermerkt das *Mecklenburgische Wörterbuch*: „Schlecht … Stadt Nürnberg; früh meldet sich Spott auf die leichten Spielzeugwaren, die in ihr hergestellt wurden."[176] Der Spott war auch im Rheinland anzutreffen, und zwar in Form eines Reims: *Das ist Nürnberger War, dreimal gebacke un net gar!*[177]

„Nürnberger Ware" in umfassenderem Sinne findet sich darüber hinaus noch im Verbund mit „künstlicher Hand", womit der Dreierkreis „Hand, Tand, Ware" wieder dort schließt, wo er begann: *Nürnberger Ware und künstliche Hand finden Wege durch alle Land.*[178] Bei der „künstlichen" Hand kommt einem vielleicht einer der Erzfeinde Nürnbergs, Gottfried von Berlichingen (1480–1562), in den Sinn. Dem Raubritter „mit der eisernen Hand" hatte ja 1504 bei der Belagerung Landshuts eine „Feldschlange" die rechte Hand zerschmettert, welche man dann durch eine Prothese ersetzte. Doch ist in obigem Reim „künstlich" mit „kunstfertig" gleichzusetzen.[179] Das verdeutlicht die ebenfalls sehr alte Variante

„Kunstreiche Hand geht durch alle Land".[180] Götz von Berlichingen, dem Goethe im gleichnamigen Schauspiel bekanntlich das „Götz-Zitat" in den Mund legt und ihn zudem sagen läßt: „Wollte Gott, der Burgemeister von Nürnberg mit der güldenen Kett' um de Hals käm' uns in Wurf, er sollt' sich mit all seinem Witz verwundern,"[181] hat also bei seinen Überfällen auf Nürnberger Kaufleute einst u. a. Waren erbeutet, die dort mit „kunstfertiger, geschickter Hand" hergestellt worden waren. Eine weitere Lesart des obigen Spruches lautet: *Nürnberger Witz und künstliche Hand Finden Wege durch alle Land.*[182]

Für den berühmten „Nürnberger Witz" war hingegen ein anderes Sprichwort prägend:

Nürnberger Witz,
Straßburger Geschütz,
Ulmer Geld
regiert die ganze Welt.

„Witz bedeutet in diesem Zusammenhang nicht wie heute ‚Mutterwitz oder Humor', sondern ‚Wissen, Kunstfertigkeit', das was man heute als technisches Know-how bezeichnet."[183] Bei Pistorius findet sich 1724 die Version *Straßburger Geschütz, Nürnberger Witz, Venediger Macht, Augspurger Pracht, Ulmer Geld, Bezwingt die gantze Welt.* Die zweite Zeile mit dem „Nürnberger Witz" erklärt er dabei ebenfalls im Sinne von „Erfindungsgabe bzw. Einfallsreichtum."[184] Zur Entstehungsgeschichte des bekannten Vierspanners gibt das Kurzkapitel „Ein altes Nürnberg betreffendes Sprichwort" in Siebenkees' *Materialien zur Nürnbergischen Geschichte* vom Jahre 1792 nähere Auskunft. Darin stößt man auf folgende Zeilen: „Das Sprichwort befindet sich in einem Manuscripte der Kurfürstlich Dreßdner Bibliothek von der Hand des ersten Besitzers Kotze von Lipsik das zu geschrieben heißt: ‚Het ich Hertzoch Iorgen von Beyern gud Und der von Vlem mud Und Hertzoch Christoffels von Mönchen leip Und Hertzoch Siegmuntz von Oesterreich weip Und der von Nornberchg witz Ich geb um alle Sachsen nicht ein Switz.' Die mannichfaltigen Begebenheiten und Sachen, so hierinn zusammen gestellt sind ... lassen deutlich vermuthen daß dieses Sprichwort in der letzten Hälfte des 15ten Jahrhundert etwan nach 1484 aufgekommen sey."[185]

Zur Variante *Nürnberger Witz, Straßburger Geschütz, Augsburger Geld geht durch alle Welt* meinte Wander Ende des 19. Jahrhunderts: „Die Zeit dieser Reime ist nicht mehr. ‚Der berühmte nürnberger Witz‘, sagt J. Weber, ‚geht lediglich ihren Erfindungs- und Kunstgeist an, der sich noch jetzt in sogenanntem nürnberger Tand, in ihren roth- und buntgemalten Häusern, auf ihren Dosen, auf ihren Pferdchen und Dukatenmännchen, welche Dukaten und Pfeifchen im Steiss führen, ausspricht. Oder sollte der schöne steinerne Ochs auf der Fleischerbrücke ... den nürnberger witz ins Geschrei gebracht haben?‘"[186]

Einige Jahrzehnte später verfasste Bronner diesen Kommentar zum „Nürnberger Witz": „Der ‚Nürnberger Witz‘ hat gar viele Erfindungen zuwege gebracht. Peter Henle erfand die Taschenuhren (Nürnberger Eierlein genannt), Lobsingen die Windbüchse, Martin Behaim verfertigte den ersten Globus."[187] Dazu wäre anzumerken, dass die „Nürnberger Eier", ovale Taschenuhren mit Federwerk, erst um 1550 nachweisbar sind. Henlein, einer der Entwickler der ersten am Körper tragbaren Uhren, starb aber schon 1542 und hat immer nur zylinderförmige Taschenuhren hergestellt. Nichtsdestotrotz wurden ihm vielfach auch die „Nürnberger Eier", deren Name sich von „Ührlein" herleiten soll, zugeschrieben.[188] Krünitz stellte hierzu 1806 fest: „,Nürnberger Eyer‘, so nannte man die ersten Taschenuhren, weil sie von Nürnberg aus zuerst in den Handel kamen und eyförmig waren."[189]

Der Nürnberger „Witz", taucht auch noch in diesem Reim aus dem 19. Jahrhundert auf:

Witz, Pracht gibt Nürnberg, Augsburg fein;
zu Tisch musst du in Frankfurt sein.[190]

Er greift die im vorhin erwähnten Renaissance-Vierzeiler gemachten Attribute für Nürnberg und Augsburg nochmals auf. Dass sowohl „Nürnberger Witz" wie „Nürnberger Tand" ehemals geflügelte Worte waren, zeigt z. B. ein Preußisches Kriegslied. So heißt es in dem 1758 entstandenen *Siegeslied nach der Schlacht bei Roßbach*: „Dem Nürenberger, dessen Witz Umrennte, wie sein Tand, Gerührt vom ersten Waffenblitz, starr ward und stille stand."[191] Dass das Wort „Witz" mittlerweile die seinerzeitige Bedeutung von „Gewitzheit" weitgehend verloren hat, ist mit ein Grund, warum heute die meisten mit dem Begriff „Nürnberger Trichter" mehr anfangen können:

**Es will ihm nicht ein,
man muss den Nürnberger Trichter holen.**[192]

„Alle Welt kennt und nennt heute noch den ,Nürnberger Trichter' als wirksamstes Heilmittel für geistige Beschränktheit; doch die wenigsten erinnern sich daran, daß diese Anschauung durch das Buch des Nürnberger Ratsherrn, des Begründers des Pegnesischen Blumenordens, Georg Philipp von Harsdörffer, ,Poetischer Trichter, die Teutsche Dicht- und Reimkunst in VI Stunden einzugießen', das 1647 zu Nürnberg ohne Namen erschien, erst allgemein verbreitet wurde, obwohl schon Sebastian Frank [sic!] in seiner Sprichwörtersammlung 1541 den Ausdruck: ,mit dem Trichter eingießen' erwähnt. Daher leitet sich die Redensart ab: ,Es will ihm nicht ein, man muß den Nürnberger Trichter holen'; ferner die resignierte Klage: *Hier hilft kein Nürnberger Trichter.*"[193] Zu letzterer meinte v. Wurzbach: „Wenn man als Lehrer einem Jungen gegenüber sitzt, der Manches nicht begreift, in dessen Schädel mit allem Reden nichts hineinzubringen ist, so rufen wir in unserer Angst und Verzweiflung den ,Nürnberger Trichter' zu Hilfe, wenn er noch was nützt."[194] Weitere Varianten sind: *Er begreift schwer, man muß den Nürnberger Trichter holen*[195] und die schwäbische Lesart *Dir sollt ma s mit em Nürnberger Trichter neigiesse.*[196] Selbst in der Schweiz hieß es: *Man kann's einem nicht mit dem Nürnberger Trächterlein eingießen.*[197] Der „Nürnberger Trichter" ist in der Tat immer noch populär. So schreibt etwa Herbert Maas im Jahre 1992: „In allen Andenkenläden Nürnbergs wird heute noch die berühmte Szene – aus Porzel-

Abb. 11 „Erst dumm und blöde, jetzt klug wie Goethe": Der
„Nürnberger Trichter". – Postkarte, um 1940.

lan, Zinn, Marzipan und Schokolade gefertigt – dargestellt, wie ein
bebrillter Professor dem altmodisch gekleideten Schüler mit einer
Halskrause den Trichter auf den Kopf hält und ihm die Weisheit
eingeußt."[198] Zudem gibt es die „Nürnberger Trichter Karnevalsge-
sellschaft 1909 e.V.", die seit 1966 jedes Jahr eine prominente Person mit dem „Goldenen Trichter" auszeichnet.

Nützlicher als der besagte Trichter war früher ein Taschenmesser aus Nürnberg, obschon dessen Qualität anscheinend nicht die beste war:

**Man kann es bei Dutzenden haben
wie die Nürnberger Taschenmesser.**

Bei den Nürnberger Taschenmessern handelte es sich also einst um billige Dutzendware, wie Zahn um 1800 in seinem diesbezüglichen Kommentar bestätigt:
„Die Messerer oder Messerschmiede, eine eigene ... Handwerkerzunft in Nürnberg, verfertigt unter anderem auch eine Art von kleinen Taschenmessern, die sie dutzentweise um sehr wohlfeilen Preis verkauft und versendet, die aber von schlechter, geringer Beschaffenheit sind. Wenn nun im gemeinen Leben irgend jemand einen keiner Seltenheit unterworfenen Gegenstand kauf- oder anderer Weise an sich zu bringen suchet, der Wert desselben aber von dem Verkäufer in allzu hohem und übertriebenem Maße angesetzt wird, so antwortet gewöhnlich der Kauflustige, anstatt ein Gegengebot auf die Sache zu legen, mit oben angezeigtem Sprüchwort und will damit soviel sagen als: Man kann dergleichen gemeine Ware aller Orten in großer Menge und um geringen Preis erhalten."[199]
Hier empfiehlt es sich für den Interessenten, nach folgendem Motto zu handeln:

**Nürnberger Gebot ist halb ab,
das macht rechte Käuf'.**[200]

Die sprichwörtliche Feststellung ist schon im 16. Jahrhundert bei Sebastian Franck belegt, der dazu schrieb: „Die halb so viel geben als gefordert wird. Also muß man etwa der vnbillicherst begern, daß man zur billicherst komm."[201] Für Dreyer wird hiermit „das unsinnige Vorbieten der Kaufleute in früherer Zeit" beleuchtet. Gesagt werden soll damit: „Die Hälfte des Geforderten geben."[202] Das empfahl man in Sprichwortform einst auch beim Handel mit Kölner Kaufleuten: *Was ein Kölner fordert, da biete die Hälfte, so wirst du nicht betrogen.*[203] „Gebot" bedeutete hier Preisangebot.

Der Ausdruck „Gebot" konnte früher aber ebenso die Bedeutung „Verordnung, Vorschrift" haben:

**Der Herren von Nürnberg Gebot
währet nicht länger als von Eilfen bis Zwölfen.**

„Von Eilfen bis Zwölfen" = von elf bis zwölf Uhr, d. h. nicht lange. Zu dieser sprichwörtlichen Aussage über die mangelnde Wirksamkeit Nürnberger Verordnungen heißt es in Mayers *Chronik der Reichsstadt Nürnberg* beim Jahr 1739: „Den 4. Okt., als den Sonntag die Fürther Kirchweih einfiel, wurden alle Thore versperrt und Niemand ausgelassen, bis nach der Vesper, und wer Geschäfte, die erheblich, mußte bei Hrn. Bürgermeister einen Zettel abholen und Alles ansagen: Hat aber nicht gar ein Jahr gedauert nach dem alten Sprichwort: ‚Der Herren von Nürnberg Gebot…'."[204] Manchmal soll man sich in Nürnberg sogar etwas länger als eine Stunde an entsprechende Gesetze gehalten haben: *Nürnberger Gebot währt drei Tage.*[205] Gesetzwidrig war auf jeden Fall dieses Verhalten gewesen:

**Nach Nürnberger Gewicht einnehmen
und nach Erfurter auswägen,
macht reich, aber mit wenig Ehren.**

„Das Führen von zweierlei Mass und Gewicht ist verpönt."[206] „Denn solchen Falls steht die betrügerische Absicht ganz fest und es scheint noch sehr zart gesagt: ‚Nach Nürnberger Gewicht einnehmen …'."[207] Ein anderes Sprichwort drückt hier die Volksmeinung deutlicher aus: „Wer schlecht mißt oder wiegt, fährt in des Teufels Küche."[208] Früher gab es in deutschen Landen denn auch eine Vielfalt von Maß- und Gewichtseinheiten. Das Nürnberger Gewicht war z. B. leichter als das Erfurter. Bei diesbezüglichem Betrug war dann die Nürnberger Justiz gefragt. Auf diese, so meint Dreyer, wirft allerdings folgende „Sentenz" ein „etwas bedenkliches Streiflicht":[209]

**Nach Nürnberger Recht behält der die Schläge,
der sie hat.**

Zur Variante *Nach dem Nürnberger Recht muß der die Prügel behalten, der sie bekommen hat,* schreibt Maas: „Wahrscheinlich galt diese Redensart erst allgemein und wurde nachträglich auf Nürnberg bezogen."[210] Das „Nürnberger Recht" taucht zudem dort auf, wo sonst stattdessen meist nur von „den Nürnbergern"[211] die Rede ist: *Nach dem Nürnberger Recht hängt man den Dieb nicht eher als man ihn hat*[212] bzw. *Nach Nürnberger Recht henkt man keinen – bis man ihn hat.*[213]

Als Linksattribut wird „Nürnberger" schließlich noch in einem Sprichwort sowie einer Redensart verwendet:

Bei einer Nürnberger Fasnacht
müssen wenigstens Kaminfeger, Türken,
Mönche, Nonnen und Fledermäuse sein.[214]

Die von Wander ebenfalls erfasste Forderung[215] entstammt dem 1841 in Bern erschienenen *Klosterspiegel in Sprichwörtern, Spitzreden, Anekdoten und Kanzelstücken,* wo sie ohne weitere Erläuterung im Kapitel „Des Volkes und seiner Weisen Sprüchwörter und Spitzreden über die Klöster" enthalten ist.[216]

Bei den genannten Begriffen handelt es sich natürlich um noch heute populäre Faschingskostüme bzw. Masken oder derart Maskierte. In seinem *Demokritos* vom Jahre 1853 nimmt Karl Julius Weber im Kapitel „Die Tanzlust" zu genau jenen Maskentypen Stellung: „Dafür [gemeint waren die ausgestorbenen nationalen Fackeltänze, *d. Verf.*] erhielten sich die Maskeraden, die wahren Saturnalien der Alten; daher ich den Theologen ihren Eifer, der sich so oft gegen die Vernunft selbst entladen hat, den Eifer gegen Maskenbälle, noch am ehesten verzeihen kann, der sich noch 1783 gegen den fränkischen Kreis-Karneval zu Nürnberg äußerte, wo höchstens Türken und Kaminfeger, Mönche, Nonnen und Fledermäuse auftraten und dem die Achseln zucken machten, der zu Venedig, Rom und Wien war."[217]

Der Nürnberger Karneval hielt also – wen wundert's – nach Webers Ansicht damals einem Vergleich mit dem in Venedig nicht stand. Heutzutage findet das jährliche Glanzlicht fränkischer Fastnacht, die Prunksitzung des „Fastnacht-Verbandes Franken", aber ohnehin im unterfränkischen Veitshöchheim statt.

Das Schicksal der vorhin erwähnten nationalen Fackeltänze teilt dann wiederum der sprichwörtlich gewesene Ausdruck „Nürnberger Säiwala":

Er ist ein Nürnberger Säiwala.

Das war einst gleichbedeutend mit „Er säiwelt."[218] Zu „sebeln" heißt es nun im *Willschen Idiotikon* vom Ende des 18. Jahrhunderts: „Ganz und vollkommen in der Nürnberger Mundart reden, ist vermuthlich von St. Sebald hergenommen, weil das alte Nürnberg nur die Sebalder Seite begrief."[219] Die Redensart kennzeichnete also einen ausgeprägten Nürnberger Mundartsprecher. „Sebeln" bzw. „seibeln" wurde dann später von dem inzwischen ebenfalls wieder verschwundenen „nenberchen" verdrängt.[220] St. Sebald, in der der gleichnamige Schutzpatron der Stadt begraben liegt, war im Mittelalter die Ratskirche und daher auch bedeutender als St. Lorenz. In der jetzt in der nördlichen Altstadt gelegenen Sebalduskirche befindet sich u. a. das von Dürer entworfene „Bamberger Fenster".

Von der Altstadt nun zu einigen Ortschaften, die oft weit jenseits der alten Stadtmauer liegen, jetzt aber als Stadtteile zu Nürnberg gehören:

Er is net vo Gebersdorf,
sondern vo Nehmersdorf.

„Er nimmt lieber anstatt zu geben."[221] Es handelt sich also um ein im Nürnberger Raum verbreitetes Wortspiel, da es dort tatsächlich ein „Gebersdorf" gibt. Dieses wurde 1899 nach Nürnberg eingemeindet. Zu der sprichwörtlichen Metapher meint Maas: „‚Der is ned vo Geebersdorf', ‚er ist geizig' heißt es im Wörterbuch. Damit wird eine volksetymologische Erklärung der Entstehung des Namens Gebersdorf erbracht, die natürlich nicht stimmt. Für den Nürnberger Stadtteil-Namen liegen alte Schreibungen wie Gerbersdorf vor."[222]

Er geilet den Kindern das Brod ab
wie der Schulmeister zu Katzwang.

Dieser volkstümliche Vergleich stammt aus Zahns Sprichwörter-sammlung, die um 1815 handschriftlich fertiggestellt worden war. Dort fehlt indes der Ortsname. Es heißt dazu lediglich: „In einem nicht allzuweit von Nürnberg entlegenen Pfarrdorf soll sich ein Schulmeister befunden haben, der seinen Schulkindern, vielleicht aus Not, das ihnen von ihren Eltern beim Fortgehen in die Schule mitgegebene Stück Brod auf eine listige und schmeichelhafte Weise abgegeilet oder abgeschwärtelt und selbst verzehrt hat."[223] Dass es sich bei dem besagten Pfarrdorf aber nur um Katzwang handeln kann, legt ein altes Volkslied nahe: „Ein Schulmeister zu Katzwang saß/ der den Kindern das Brot abfraß/ er schickts wohl auf die Gasse naus/ und leert ihnen die Beutel aus."[224]

Das verwerfliche Verhalten des Schulmeisters ist natürlich unent-schuldbar, doch sei in dem Zusammenhang darauf hingewiesen, dass ein solcher einst zu den ärmsten eines Ortes gehörte und viel-fach mit Naturalien bezahlt wurde. Nicht von ungefähr war der Ausdruck „armes Schulmeisterlein" einmal sprichwörtlich. Das Dorf Katzwang ist übrigens 1972 nach Nürnberg eingemeindet worden. Das war bei dem im sogenannten Knoblauchsland liegen-den Kraftshof schon 1930 der Fall gewesen:

Der Herr Pfarrer in Kraftshof hat nur ein Buch.

Wir haben es hier wiederum mit einem Wortspiel zu tun, das Zahn um 1815 wie folgt erklärt: „Krafthof [sic!] ist ein 1½ Stunden weit von Nürnberg gegen Erlangen zu gelegenes Pfarrdorf … Außer mehreren anderen Orten ist auch das an der erlanger Landstraße gelegene große Dorf Buch in die Kraftshofer Parochie eingepfarret. Oben gedachtes Sprüchwort besteht eigentlich aus einem rätselhaf-ten Wortspiel, in dem das in seinen Kirchensprengel gehörige Dorf, genannt Buch, mit dem Wort ‚Buch, liber, codex‘ vermenget wird."[225] Das einst eigenständige Dorf Buch wurde 1924, also noch vor Kraftshof, ein Stadtteil Nürnbergs.

Ein weiterer Stadtteil ist Mögeldorf, das ebenfalls in einer alten Redensart auftaucht:

Da geht es zu wie bei dem Bad-Peter in Mögeldorf.

Hierzu äußerte sich wiederum Zahn: „Zu Mögeldorf, einem ohnfern Nürnberg gelegenen Pfarrdorf, lebte zu Anfang des vorigen Jahrhunderts [gemeint war damit das 18. Jh., d. Verf.] ein Wirt namens Leonhard Büchner, den man, weil dessen Wirtshaus nahe an des Baders Wohnung gelegen war, insgemein ‚den Bo-Peiter (Bad-Peter)‘ nannte. Dieser hatte die Gewohnheit, wenn Gäste noch so früh bei ihm zusprachen und eine Mahlzeit bestellten, also gleich etliche Stunden vor der zum Speisen bestimmten Zeit, den Tisch zu decken und alle erforderlichen Vorbereitungen zu treffen, mit Auftragung der Speisen aber die Gäste außerordentlich aufzuhalten und selbige durch übertriebene Berechnung der Zechen zur Ungedult zu verleiten … Im gemeinen Leben bedienet man sich dieses Sprüchwortes, wenn jemand bei einer Sache lange Vorbereitungen machet und dennoch das lange Erwartete erst spät zum Vorschein kommet."[226] Mögeldorf, das heute neben Erlenstegen zu Nürnbergs besten Wohnlagen zählt und in dessen Nachbarstadtteil Zerzabelshof der famose „Nürnberger Tiergarten" liegt, wurde 1899, zusammen mit Schweinau, eingemeindet.

Nach Schweinau auf den Äpfel-Boden.

„Wenn jemand gefragt wird, wo er hingehe und er solches nicht will wissen lassen, antwortet er kurzweg, bisweilen im Scherz, öfters auch ernsthaft mit obgedachtem Sprüchwort, welches dann so viel heißet als: Du brauchst es nicht zu wissen, ich sage es dir nicht. Was es aber eigentlich mit dem ‚Äpfelboden‘ zu Schweinau, einem ½ Stunden weit von Nürnberg entfernten Dorf, für eine Beschaffenheit habe und aus welchem Grund derselbe in oben gezeigten Sprüchwort vorkommt, ist nicht bekannt."[227]

Möglicherweise wollte man damit ursprünglich zum Ausdruck bringen, dass man „Zum Äpfelboden" geht, einem Wirtshaus in

Schweinau, das es dort z. B. im Jahre 1795 noch gab. Als dieses dann später den Namen wechselte oder nicht mehr bestand, bekam die Auskunft eine neue Bedeutung und das Wissen um den Ursprung ging allmählich verloren. Wohl bekannt ist hingegen, was man heute in so einem Fall in Nürnberg zu sagen pflegt. Statt nach Schweinau ginge es natürlich „zum Blousårsch vo Färd" (→ Fürth). Zuallerletzt sei ein Spruch angeführt, in dem auch der jetzt älteste Stadtteil Nürnbergs Erwähnung findet:

Wißt ihr net, wo Reutlas liegt?
Reutlas liegt bei Gründla,
wohnt a einz'ger Bauer drin,
hat a scheckats Hündla.[228]

(= Wißt ihr nicht, wo R. liegt? R. liegt bei Großgründlach, wohnt ein einziger Bauer drin, hat ein scheckiges Hündlein.) Es handelt sich hier offenbar um eine Wanderstrophe mit jeweils wechselnden Ortsnamen. Eine fast identische ist beispielsweise über Hundsdorf, heute ein Gemeindeteil von → Ettenstatt im mittelfränkischen Landkreis Weißenburg-Gunzenhausen überliefert.[229]
Das mitten im Knoblauchsland liegende Dorf Reutlas wurde 1972, zusammen mit Großgründlach, nach Nürnberg eingemeindet. Seitdem ist das bereits 1021 urkundlich erwähnte Großgründlach der älteste Stadtteil Nürnbergs.

▶ Die zweitgrößte Stadt Bayerns heißt auf fränkisch „Nämberch." Im englisch- und französischsprachigen Ausland ist sie als „Nuremberg", in Italien als „Norimberga" bekannt. Sie liegt im Regierungsbezirk Mittelfranken, ist aber nicht dessen Hauptstadt. (→ Ansbach) Mit Erlangen teilt sie sich die Universität. Der Name „Nürnberg" leitet sich vom mittelhochdeutschen *knorre* bzw. *knur* (= Fels) her und bedeutet demnach „Felsberg".[230] In der Dürer-Stadt Nürnberg findet auch Deutschlands größtes Altstadtfest sowie der weltberühmte „Griskindlasmargd" (Christkindlesmarkt) statt.
Das Wahrzeichen Nürnbergs ist eine der bedeutendsten Kaiserpfalzen des Mittelalters: die Kaiserburg. Dort hielten von 1050 bis 1571 sämtliche Kaiser des Heiligen Römischen Reiches Hof. Berühmtester Nürnberger ist Albrecht Dürer (1471–1528), dessen einstiges Wohnhaus heute besichtigt werden kann. Weitere Museen in Nürnberg sind z. B. das „Germanische Nationalmuseum", das Stadtmuseum Fembohaus, das Spielzeugmuseum sowie das Verkehrsmuseum (heute DB-Museum). Zwischen Nürnberg und Fürth verkehrte 1835 die erste deutsche Eisenbahn.

Obermögersheim (Stadt Wassertrüdingen) → Ehingen

Oberndorf (Stadt Ornbau) → Bechhofen

Oberschwaningen → Unterschwaningen

Pappenheim (Lkr. Weißenburg-Gunzenhausen)

Ich kenne meine Pappenheimer.[1]

„Ich weiß genau, mit wem ich es zu tun habe, ich habe dich durch-schaut."[2] Wie diese Erklärung zeigt, wird die volkstümliche Re-densart heute eher abwertend gebraucht, wie schon die ostpreußi-sche Version *Eck kenn doch miene Pappenheimer!* Letztere wird im *Preußischen Wörterbuch* wie folgt interpretiert: „Ich kenne diese Leute mit ihren (negativen) Eigenschaften."[3] Das steht im Gegen-satz zu der Verwendung in der Quelle, der die Redensart ent-stammt. So ließ Schiller in seinem *Wallenstein* den Feldherrn aner-kennend sagen: „Daran erkenn' ich meine Pappenheimer."[4] Das bezog sich auf deren ungestümes Vordringen bei der Erstürmung Magdeburgs im Dreißigjährigen Krieg. Zum Angriff geführt hatte das Pappenheimer Kürassierregiment deren Kommandant, Gott-fried Heinrich Graf zu Pappenheim (1594–1632), der auch als der eigentliche Urheber der Redensart gilt. Er wollte damit die Tapfer-keit seiner Soldaten hervorheben. In Pappenheim hat man ihm ein Denkmal gesetzt und auch in seiner Geburtsstadt Treuchtlingen gibt es eine Statue des Feldmarschalls.

Stehend schlafen wie ein Pappenheimersgaul.[5]

Dieser jetzt ausgestorbene Vergleich kursierte seit dem 14. Jahr-hundert lange in Nürnberg.[6] Dort wurden die Kloakenreiniger „Pappenheimer" genannt, weil sie diese Arbeiten im Auftrage der Pappenheimer Marschälle verrichteten. Dazu heißt es bei Schie-ber: „Ganz am Rand der Gesellschaft standen die Angehörigen der

Abb. 12 „Ich kenne meine Pappenheimer." – Statue von Gottfried Heinrich zu Pappenheim in Treuchtlingen.

‚unehrlichen Berufe': Dirnen, Bader, Totengräber, Abdecker und die ‚Pappenheimer', die für die Entleerung der Abortgruben zuständig waren."[7] Eine alte Nürnberger Quelle gibt auch Auskunft über Zeit und Ziel dieser Entleerung: „‚Pappenheimer' Nachtarbeiter, diejenigen, welche nächtlicher Weile die heimlichen Gemächer ausräumen, und den Unrath in die Pegniz [sic!] führen."[8]

In Bieswang treibt mer die Schieß z'amm,
in Zimmern hearschd as wimmern,
in Göhrn hearscht as röhrn,
in Groom kunnscht's widder hoom.[9]

(= In Bieswang treibt man die Fürze zusammen, in Zimmern hörst du sie wimmern, in Göhren hörst du sie röhren, in Graben kannst du sie wieder haben.) Bieswang, Zimmern und Göhren sind heute Ortsteile der Stadt Pappenheim. Mit „Groom" ist hier „Graben" gemeint, das seinen Namen vom Karlsgraben herleitet. Die „Fossa Carolina" wurde nach seinem Auftraggeber, Karl dem Großen, benannt. Den 3 km langen Kanal hat man im Jahre 793 bei Graben ausgehoben, um eine Verbindung von Rhein/Main zur Donau herzustellen. Graben ist heute ein Ortsteil der ca. 7 km von Pappenheim entfernten Stadt → Treuchtlingen.

▶ Der Name Pappenheim hat übrigens nichts mit „Pappe" zu tun, sondern er bedeutet „Pfaffenheim." Die Stammburg der Reichserbmarschälle von Pappenheim ist jetzt eine Touristenattraktion.

Pfofeld (Lkr. Weißenburg-Gunzenhausen)

Langlau im Loch,
wir finden dich doch![1]

„Spruch … Langlau lag im Brombachtal ziemlich versteckt."[2] Heute ist es ein Ortsteil von Pfofeld. Die fränkische Version des Reimes lautet: *Langla in Luuch, mir finna di doo.*[3]

▶ Die Gemeinde Pfofeld am Kleinen Brombachsee ist ein staatlich anerkannter Erholungsort.

Pleinfeld (Lkr. Weißenburg-Gunzenhausen)

Stirn, simm Bauern, aa Hirn.[1]

„Stirn, sieben Bauern, ein Hirn."[2] Mitunter steht hier statt „simm" *drei*.[3] Das Dorf Stirn gehört heute zum Markt Pleinfeld. In diesem Zusammenhang kann man sich einigen diesbezüglichen Online-Ausführungen von Dieter Rieß anschließen: „In den Zeiten, als man noch dörfliche Gemeinschaften kannte, blieb es nicht aus, dass man Leute aus anderen Ortschaften ein bisschen necken wollte … Dabei darf man nicht vergessen, dass das echte Fränkisch auch ziemlich derb sein kann."[4] Auf „echt fränkisch" heißt der Spottreim dann: *Schdiian – drei Bauân a Hian*, wozu Rieß anmerkt: „Man hielt die Stirner nicht eben für intelligent."[5]

▶ Der Markt Pleinfeld liegt direkt am Großen Brombachsee, mitten im Fränkischen Seenland.

Polsingen (Lkr. Weißenburg-Gunzenhausen)

Bal der Bendl brichd aa,
nau fallt ganz Trendl nach Polsing naa.[1]

„Weil Trendl am Rande des Ries liegt, spottete man: … Wenn der Bändel reißt, fällt ganz Trendl nach Polsingen hinunter (ins Ries)."[2] Bei diesem Reim handelt es sich allerdings um eine Kurzversion von: *Trendel – hängt am Bändel. Bal der Bändel bricht a, nau fallt ganz Trendl auf Polsing 'na*.[3] Heute ist Trendl ein Gemeindeteil von Polsingen, ebenso wie Mäuskreuth, von dem es diese Version gibt: *Trendl hängt am Bändel, wenn der Bändl reißt, fällts nunder auf Mäuskreut.*

Das Ries, dessen Name von der römischen Provinz „Raetia" (mit Augsburg als Hauptstadt) herrührt, ist übrigens einer der besterhaltenen Impaktkrater der Welt. Der den Krater verursachende Einschlag erfolgte vor über 14 Millionen Jahren.

▶ Die Gemeinde Polsingen grenzt an das schwäbische Donau-Ries.

Pommelsbrunn (Lkr. Nürnberger Land)

In Fürnröid hob'n s' spitze Höit;
in Hufstin hängt der Teufel an der Hundskin;
in Traoßalta spirrt ma 's Brot in Kalta;
in Frechetsfölld hob'n s' alle Gölld;
in Eckertsfölld is da Gölldbeitl schwölk;
in Geichawang san d' Henna krank;
in Woppentol san d' Moidla fol;
in Schwend hot d' Welt a End.[1]

Von den acht Orten in dieser volkstümlichen Ortslitanei gehören heute sieben zur oberpfälzischen Gemeinde Birgland, Lkr. Amberg-Sulzbach. Es sind das Fürnried, Troßalter, Frechetsfeld, Eckertsfeld, Geigenwang, Woppenthal und Schwend. Lediglich der Weiler Hofstetten, wo angeblich der Teufel an der Hundskette hängt, befindet sich schon im Nürnberger Land und damit in Franken. Er ist ein Ortsteil von Pommelsbrunn.

▶ Pommelsbrunn lag an der „Goldenen Straße", im Mittelalter der wichtigste Handelsweg zwischen Nürnberg und Prag. Die Gemeinde besitzt noch ein historisches Badhaus, das von 1486–1867 in Betrieb war.

Poppenreuth → Fürth

Puschendorf (Lkr. Fürth)

Hunde tragen nach Buschendorf.[1]

Die fränkische Redensart besagt wohl, dass man eine langwierige, mühevolle Arbeit verrichten muss, wobei die betreffende Ortsangabe eigentlich nur synonym für „sehr weit" steht. Möglicherweise spielt hier eine mittelalterliche Strafe für Adelige eine Rolle: Sie wurden bei bestimmten Rechtsbrüchen zum „Hunde tragen" verurteilt. Die einschlägigen Quellen haben hier durchweg „Buschendorf", mitunter mit Zusätzen wie „bei Nürnberg" oder „in Franken". Als die Redensart üblich war, schrieb sich der Ort demnach noch nicht „Puschendorf". Seine Lage an der alten Handelsstraße von Nürnberg nach Frankfurt machte ihn früher zu einem Begriff für die Fuhrleute, die dort die Pferde wechselten und auch übernachteten. Redensartlich das populärste Ziel für das demütigende Hundetragen war früher übrigens das sächsische Bautzen.

▶ Die Gemeinde Puschendorf befindet sich im östlichen Rangau.

Rasch → Altdorf
Reutlas → Nürnberg

Röthenbach a. d. Pegnitz (Lkr. Nürnberger Land)

**Rednbach und Schda,
sen Sodom und Gomorrha.**[1]

In Röthenbach und → Stein sollen also einmal Zustände wie im biblischen Sodom und Gomorrha geherrscht haben.

▶ 2011 feierte der Ort „700 Jahre Stadt Röthenbach a. d. Pegnitz".

Rothenburg ob der Tauber (Lkr. Ansbach)

**In Rothenburg an der Tauber
ist das Backwerk und Mühlwerk sauber.**

„Beide waren in der Reichsstadt gleich sehr berühmt."[1] Zur Variante *Zu Rothenburg an der Tauber Ist das Mühl- und Beckenwerk sauber* heißt es in Schnitzleins *Rothenburger Sagen und Geschichten*: „In der Reichsstadt Rothenburg muß man gute Polizei gehalten haben; es galt doch der Spruch im Lande: ‚Zu Rothenburg an der Tauber …'"[2] Dieser ist bereits im Jahre 1676 im *Speculum Germaniae* verzeichnet: „Rotenburg … wird sonsten die Speißkammer von Franckenland geheissen / und ist berühmt worden von dem Beck und Mühlwerck. Dahero die Knüttelvers entstanden: ‚Zu Rotenburg an der Tauber Ist das Beck- und Mühlwerck sauber.'"[3] Später hieß es dann in dem „Lobspruch", der den dortigen Bäckern und Müllern berufliche Korrektheit bescheinigte, auch „uff" statt „an": *In Rothenburg uff der Tauber ist das Mühl- und Bäckerwerk sauber.*[4]

Heute steht das „ob" für „oberhalb". Die ursprüngliche Burg wurde nämlich oberhalb des Flusses Tauber errichtet. Die Mühlen befanden sich im Taubertal, zur Stadt herauf transportierte man dann das Mehl und anderes auf Lasteseln. Von daher rührt auch der alte Uzname der Rothenburger: „Tauberesel". Die wirklichen Esel gab

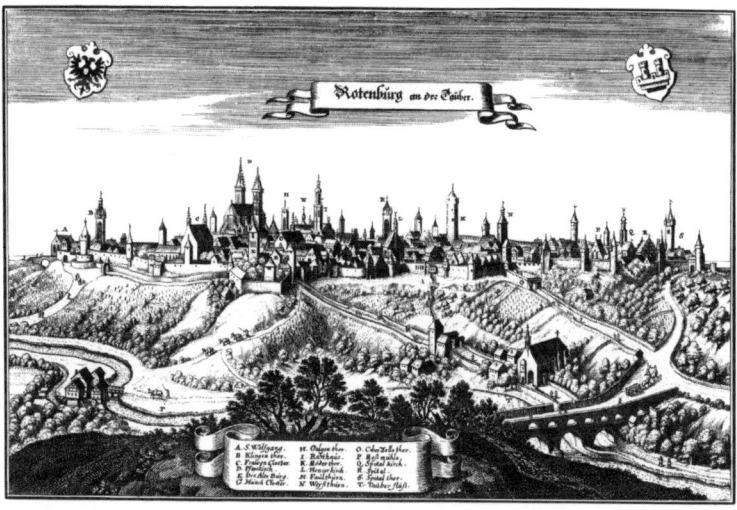

Abb. 13 „In Rothenburg an der Tauber ist das Backwerk und Mühlwerk sauber": Stadtansicht von Südwesten. – Kupferstich von Caspar Merian aus der Topographia Franconiae, 1648.

es spätestens 1911 nicht mehr, wie den folgenden Ausführungen Bronners zu entnehmen ist: „Heute noch bildet das Mühlenwerk ein charakt. Gewerbe zu R. Die vielen Lasteseln, welche das Mehl zur Stadt herauftrugen, sind freilich aus den Mühlen verschwunden."[5] Mühlen prägten also Rothenburg und so beginnt auch ein Vierzeiler über die Stadt mit einer Mühle:

Eine Mühle ohne Bach,
zwei Kirchtürme ohne Dach,
eine Brücke gegen den Rhein
soll das Wahrzeichen Rothenburgs sein.

„Im bayr. Franken giebt es viele Spitznamen und Wahrzeichen. Zuweilen haben sich die Bürger zu einem Verslein verstiegen, um ihr Wahrzeichen kund zu thun."[6] Mit den beiden Kirchtürmen waren offenbar der Nord- und Südturm der Jakobskirche gemeint, die eine überlange Bauphase sowie eine zeitlich weit auseinanderlie-

99

gende Fertigstellung aufwiesen. Bei der „Brücke gegen den Rhein" handelt es sich um die Tauberbrücke und bei der „Mühle ohne Bach" vermutlich um die ehem. Stadtmühle, die Rossmühle.

▶ Freie Reichsstadt war Rothenburg von 1274 bis 1803; heute ist die Große Kreisstadt wegen ihrer mittelalterlichen Reize einer der größten Touristenmagnete Deutschlands.

Schutzendorf → Greding

Schwabach

Er sieht aus wie der Wolf zu Schwabach.

Die Redensart kommentiert der Volksprediger Abraham a Santa Clara (1644–1709) wie folgt: „Noch bei unsern Zeiten ist ein Edelmann zu Schwabach in Franken in natürlicher Wolfs-Gestalt herum gegangen, den armen Bauern Kühe, Kälber, Schafe und anderes Vieh zerrißen. Als er aber einsteins einer Henne über einen Zaun nachgesprungen, ist er unversehens in den daran gelegenen Brunnen gefallen und ersoffen. Er wurde, nicht ohne Verwunderung vieler Menschen herausgezogen, und an einen Galgen gehangen. Zur letzten Ehre setzte man ihm eine Perrücke auf, und war dieses Spektakel recht lächerlich anzusehen, also zwar, dass daraus ein Sprichwort entstanden."[1]

**Schwåbach, Färdd und Erlang' –
machng Närmberch angsd und bang.**[2]

(= Schwabach, Fürth und Erlangen – machen Nürnberg angst und bang.) Der Reim entstand wohl im 19. Jahrhundert, als Nürnbergs Nachbarstädte einen stürmischen Wirtschaftsaufschwung zu verzeichnen hatten. Schwabach z. B. hatte als Metaller- bzw. Nadler-

Abb. 14 „Wer durch Schwabach geht und hört nicht klopfen ...": Noch heute existieren hier mehrere Goldschlägerwerkstätten. – Goldschlägerdenkmal in Schwabach.

stadt Weltruf (wobei Letzteres noch heute gilt). So findet sich folgender alter Vers über Schwabach: „Schwabacher War' ist wie Nürnberger Tand, allwärts bekannt in dem deutschen Land."[3] Dazu meinte Bronner im Jahre 1898: „Wer kennt nicht Schwabacher Nadeln, Draht und Seifen? ... Schwabach hat fünf Nadelfabriken mit ungefähr 800 Arbeitsleuten, drei Fabriken für Gold-, Silber- und leonischen Draht, mehrere Gold-, Silber-, Aluminium- und Zinnschlägereien mit etwa 1000 Arbeitskräften."[4]

Das Klopfen, das die Metallschlägerei verursachte, war früher aus vielen Häusern Schwabachs zu hören: „Wer durch Schwabach geht und hört nicht klopfen, wer in Erlang' kriegt kein guten Tropfen, wer nach Nürnberg kommt und sieht nicht rauchen, ist zum Wanderleben nicht zu brauchen."[5] Dieser Vierzeiler ist allerdings – ebenso wie der vorhin zitierte Vers über die Schwabacher War' – offenbar eine Eigendichtung Bronners. Mit dem „guten Tropfen" war dabei das Erlanger Bier und mit dem Rauchen das der Nürnberger Fabrikschlote gemeint.[6]

Die Goldschlägerei, also das Herstellen von Blattgold, wurde in Schwabach schon seit geraumer Zeit betrieben. So gibt es etwa Blattgoldauflagen im Inneren der 1495 erbauten neuen Stadtkirche. Deren Kirchtum ist heute ebenso ein Wahrzeichen Schwabachs wie das 1528 errichtete neue Rathaus mit seinem Golddach und seinem Goldenen Saal. Beide gehören zur sogenannten „Goldenen Meile", die mit einem „Goldschlägerdenkmal" beginnt. Auf ihr gibt es weitere 9 Stellen in der Altstadt, die etwas mit Blattgold zu tun haben. Mit Schwabacher Blattgold verziert sind zudem viele Gebäude anderswo, u. a. der Buckingham Palast in London. 2004 feierte die Stadt denn auch „500 Jahre Blattgold in Schwabach".

▶ Schwabach bedeutet „Schwaben-Bach". Das kommt von dem gleichnamigen Flüsschen, an dessen Ufern im 8. Jahrhundert, als von Westen her die Franken einwanderten, sich wohl einige Schwaben angesiedelt hatten. Heute ist die Goldschlägerstadt Schwabach Bayerns kleinste kreisfreie Stadt. Sie gehört zu einem der wirtschaftsstärksten Räume in Deutschland, der Metropolregion Nürnberg.

Schweinau → Nürnberg

Simmersdorf → Mühlhausen

Spalt (Lkr. Roth)

Die von Nürmberg haben den Hirsch vor Spalt verschüttet.[1]

Hintergrund dieses Spottworts war eine Episode – die sogenannte „Nürnberger Rais" – während eines Feldzuges der Nürnberger gegen das Städtlein Spalt. Im Rahmen des „Ersten Markgrafenkriegs", bei dem sich die schließlich siegreiche Reichsstadt → Nürnberg und Markgraf Albrecht Achilles von Brandenburg-Ansbach bekriegten, belagerten im Jahre 1450 rund 1500 Nürnberger das 50 km südwestlich gelegene Spalt; nachdem sie aber erfahren hatten, dass Truppen des Markgrafen den Belagerten zu Hilfe geeilt waren, zogen sie über Nacht heimlich ab und ließen nur einen umgeschütteten Kessel mit gekochtem Hirschfleisch zurück. Wolfgang Agrikola, von 1557 bis 1601 Stiftsdekan in Spalt, schildert das ein Jahrhundert vor seiner Zeit Geschehene wie folgt:
„Als nun die Nürnberger sein [d. h. des Markgrafen, *d. Verf.*] vnuersehene ankhunft vernumen, do sind sie dieselbe Nacht Eilents durch die Alten Burg heimlich hinwekh, haben auch ir Wagenburg, damit man ine als der weniger nach eulen khun, stehen lassen. Als man nun zu morgens sie hat wollen angreiffen, hat man in ihrem leger nichts dann einen khössel vol mit gekochtem Hirsch der war umgeschüt, gefunden. Do khumbt das Sprichwort her, die von Nürmberg haben den hirsch vor Spalt verschüt, und wur dieser Krieg die ‚Nürmberger Rais' genant."[2]
Die Rettungs Spalts ist dann jahrhundertelang gefeiert worden. Mitte des 19. Jahrhunderts schreibt z. B. der Stadtpfarrer von Spalt, Johann Baptist Fuchs: „Die Stadt Spalt in Mittelfranken … feiert seit dem Jahre 1450 am St. Johannnis-Feste jeden Jahres ein religiös-bürgerliches Dankfest wegen Errettung aus feindlicher Gefahr – durch eine feierliche Prozession nach dem Gottesacker außer der Stadt. Die Schuljugend, die einzelnen Zünfte und Brüderschaften und alle Bewohner der Stadt nehmen unter Paradirung des bürgerlichen Landwehr-Bataillons an diesem feierlichen Zuge Antheil, und freundlich schließt sich die christliche Nachbarschaft an, weil

auch sie, bedroht von derselben Gefahr, zu gleichem Danke sich verbunden fühlt. Auf dem Gottesacker selbst wird eine Rede gehalten und nach der Rückkehr in die Stadtpfarrkirche das ‚Herr Gott Dich loben wir' abgesungen.“[3]

In Spalt, in Spalt,
dou wern di Leit gor alt;
sie kenna nix dafier,
dös macht ös goute Bier.[4]

„Volkstümlicher Spruch: ‚In Spalt, in Spalt, da werden die Leute gar alt; sie können nichts dafür, das macht das gute Bier'.“[5] In der Tat sind Spalter Bier und Aromahopfen weithin bekannt. So führten denn auch die Spalter den Uznamen „Hopfersblotter“ (= Hopfenzupfer). Zum Hopfenzupfen gab es zudem einen sprichwörtlichen Vierzeiler:

Wenn ma koa Geld mehr hob'n,
geng ma ins Hopfablot'n,
geng ma af Spalt rei zua,
da gibt's Geld gnua.[6]

(= Wenn wir kein Geld mehr haben, gehen wir zum Hopfenzupfen, gehen wir auf Spalt hinein zu, da gibt es Geld genug.) Früher bewegten sich Ende August Tausende von Männern und Frauen – oft von weither – auf die Spalter Hopfenanbaugebiete zu, um sich für den Winter ein paar Notgroschen zu verdienen. Dabei wurde die Arbeit pro Pfund und Tag bezahlt und von 5.30 Uhr morgens bis 23.00 Uhr abends gearbeitet.

Bei Bronner heißt es dazu: „Von den drei Sonntagen, die in die Zeit der Hopfenpflücke fallen, ist einer ein Hauptfesttag und heißt der ‚Saumarkt'. Da strömen alle Hopfenblatter und Zupfianerinnen vom ganzen Hopfenlande ins Städtchen herein, da gibt's einen lustigen festlichen Umzug wie bei einer Bauernfastnacht. Voran marschiert die Zigeunermusikkapelle, dann kommen der Zupfianus-

In Spalt,
in Spalt,
dou wern die
Leit gor alt.
Sie kenna
nix dafier,
dös macht ös
goute Bier

Stadtbrauerei Spalt

Abb. 15 „ ... dös macht ös goute Bier" – Bierdeckel der Stadtbrauerei Spalt.

könig und seine Königin hoch zu Roß mit großem Gefolge: lauter
Leute von der Landstraße ... Der Spalter Hopfen ist in Deutschland so berühmt wie die Weichser Rettiche, der Schwetzinger und
Braunschweiger Spargel, die Tettower Rüben, die Liegnitzer Gur-
ken etc. Solche Namen sind im Laufe der Zeit geradezu Qualitäts-
bezeichnungen geworden."[7]
Auch heute noch ist die Spalter Region – nach der Hallertau – eines
der bedeutendsten Hopfenanbaugebiete Deutschlands. Und selbst
der „Spalter Saumarkt" existiert noch. Bei diesem traditionellen
Hopfenzupferfest Ende August bildet jetzt die Wahl der „Hopfen-
königin" den Höhepunkt. Und an einem „Hopfen- und Biermuse-
um" fehlt es in Spalt ebenfalls nicht.

▶ Die „Hopfen- und Bierstadt" Spalt an der Fränkischen Rezat liegt im Städ-
tedreieck Ansbach-Nürnberg-Treuchtlingen.

Stein (Lkr. Fürth)

Zendorf und Schda
braung a Grichd ala.[1]

(= Zirndorf und Stein brauchen ein Gericht allein.) Gemeint war damit, dass in beiden Orten soviel Gesetzwidriges passierte, dass ein ganzes Gericht damit vollauf beschäftigt wäre.

Rednbach und Schda,
sen Sodom und Gomorrha.[2]

Mit Moral und Sittlichkeit scheint es früher also in Stein (und in → Röthenbach) nicht weit her gewesen zu sein. Insofern ist dies eine Bestätigung des oben angeführten Spruches über Zirndorf und Stein.

▶ Die Stadt Stein liegt an der Regnitz und ist vor allem durch ihre Bleistift-Industrie bekannt.

Stirn → Pleinfeld

Syburg → Bergen

Thalmannsfeld → Bergen

Trendel → Polsingen

Treuchtlingen (Lkr. Weißenburg-Gunzenhausen)

**Mirn is guad,
wer net schdülld, dea huad.**[1]

„Möhren ist gut, wer nicht stiehlt, der hurt."[2] Möhren im Möhrenbachtal, wo sich das ehemalige Schloss der Grafen von Pappenheim befindet, ist heute ein Ortsteil von Treuchtlingen. Letzteres gilt auch für Graben. (→ Pappenheim)

▶ Die Stadt Treuchtlingen, vor Ort „Dreichdling" genannt, ist ein staatlich anerkannter Erholungsort im Naturpark Altmühltal.

Unterschwaningen (VG Hesselberg, Lkr. Ansbach)

**Wenn d' Schwaninger komma,
dann geha d'Kröttabacher in d'Mäuslöcher nai.**[1]

Kröttenbach und Oberschwaningen sind heute Ortsteile der Gemeinde Unterschwaningen. Dass das Eintreffen der Schwaninger nichts Gutes verhieß, kommt auch noch in einem weiteren Spruch zum Ausdruck:

**Wenn di Schwaninger Schoufwäscher kumma,
nou meßn di Bäuerinna ihr Hennaneeschder ausleern.**[2]

(= Wenn die Schwaninger Schafwäscher kommen, dann müssen die Bäuerinnen ihre Hühnernester ausleeren.) Zum Herkunftsort der Schwaninger gab es dann eine längere Ortslitanei, die mit diesen Zeilen begann: (→ Ehingen)

**Wenn mer net waaß, wu Schwaning licht,
Schwaning licht am Graaba...**

Die Lage Schwaningens „am Graben" erklärt Rieß folgendermaßen: „Die Markgräfin hatte sich zum Plaisir einen Kanal mit ‚Tee-
insel' bauen lassen, um sich darauf in der Sommerzeit mit ihrem
Gefolge in Kähnen herumgondeln zu lassen."[3]
Gemeint ist hier Friederike Luise von Preußen, die als Tochter des
„Soldatenkönigs" Friedrich Wilhelm I. 1714 in Berlin geboren
wurde und 1784 als Markgräfin von Brandenburg-Ansbach auf
Schloss Unterschwaningen „die Tage ihres ruhmvollen Lebens be-
schloss". (so das örtliche Sterberegister)

▶ Die Gemeinde Unterschwaningen liegt „im Herzen zwischen Romantischer
Straße, Hesselberg und dem Fränkischen Seenland".

Vach → Fürth

Vestenbergsgreuth
(VG Höchstadt a. d. Aisch, Lkr. Erlangen-Höchstadt)

Latern, in Kienfeld is es finster!

(= [Wir brauchen eine] Laterne, in Kienfeld ist es dunkel!) „Wortspiel ... Man bedenke, daß früher das Kienholz zur Beleuchtung
benützt wurde."[1] „Kien" steht dabei für „Kiefer". Ein brennender,
mit Harz getränkter Kienspan diente einst als „Kienlicht" oder
„Kienfackel". Mehrere davon ergaben auf der „Kienleuchte", d. h.
dem Wandherd oder Kamin, eine Stubenbeleuchtung. Kienfeld ist
heute einer von 14 Ortsteilen von Vestenbergsgreuth.

▶ Der Markt Vestenbergsgreuth wurde durch seinen in der Regionalliga spie-
lenden Fußballklub TSV Vestenbergsgreuth weithin bekannt, als dieser 1994 in
der ersten Runde des DFB-Pokals den FC Bayern München besiegte. 1996 schloss
er sich mit der SpVgg Fürth zur „SpVgg Greuther Fürth" zusammen.

Voggendorf → Bechhofen

Weisendorf (Lkr. Erlangen-Höchstadt)

Weisendorf ist klein,
wenn einer mit 'nem Mädel schläft,
na weiß's die ganze Gma,
der Bürgermeister a.[1]

Diese „Ortsneckerei" kursiert(e) auch noch in anderen fränkischen Gemeinden.[2]

▶ Der Name des Marktes Weisendorf leitet sich vom „Weizen" ab, der rundum angebaut wurde.

Weißenburg i. Bay. (Lkr. Weißenburg-Gunzenhausen)

Weißenburg in Bayern
ließ den Beinam' sich erneuern,
hieß früher ‚am Sand',
's war auch keine Schand.[1]

Die ehemalige Reichsstadt hieß früher nicht nur „Weißenburg am Sand", sondern auch „Weißenburg im Nordgau". Der Zusatz war erforderlich, um sie von anderen Orten gleichen Namens, insbesondere vom elsässischen Weißenburg zu unterscheiden. Zur Bezeichnung „am Sand" schreibt Bronner: „Das sollte heißen: Die Stadt liegt hart am Nordrande des Jura, der fränkischen Keuperebene bereits so nahe, daß wenige Stunden nordwärts davon schon die magere Rotsand-Erde Mittelfrankens beginnt, welche sich weit über Nürnberg hinaus erstreckt und kurzweg der Sand genannt wird. Also am Sand, nicht im Sand! Der Boden um Weißenburg ist

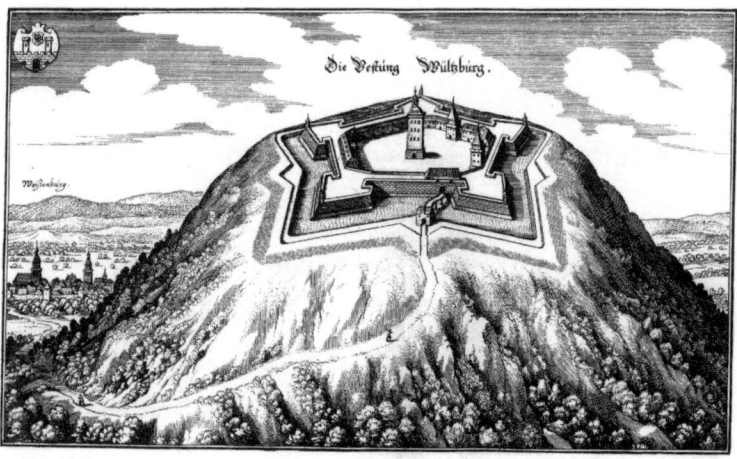

Abb. 16 „Bewahr uns Gott vor Langenzenn, vor Cadolzburg und Wülzburg!": Ansicht der Wülzburg, ehemaliges Benediktinerkloster. – Kupferstich von Matthäus Merian aus der *Topographia Franconiae*, 1648.

noch fruchtbare, schwarze Erde, Boden des schwarzen Jura."[2] Der obige Vierzeiler ist allerdings nur bei Bronner belegbar. Sollte er also nicht in irgendeiner Form zeitweise in den Volksmund übergegangen sein, wäre ihm der Charakter eines Sprichworts abzuerkennen. Derlei Zweifel gibt es bei dem folgenden Spruch nicht:

Bewahr uns Gott vor Langenzenn,
vor Cadolzburg und Wülzburg![3]

Dazu heißt es bei Bronner: „Von dem waldigen Juraberge im Hintergrunde der Stadt Weißenburg am Sand blickt eine mächtige alte Burg herunter, die Wülzburg."[4] Sie diente jahrhundertelang als Festung und wurde einst auch „als Gefängnis für Militär- und Festungssträflinge benützt. Wie sehr die Untertanen der Markgrafschaft Ansbach die Wülzburg mit ihren tiefen Verließen fürchteten, zeigt der alte Spruch: ‚Bewahr uns Gott …'"[5] Auf der Wülzburg waren im 18. Jahrhundert z. B. auch etliche der über 180 Mitglieder der „Großen Fränkischen Diebes- und Räuberbande" inhaftiert. Deren Anführer, ein Oberpfälzer, wurde schließlich 1801 am Galgenberg in Amberg gehenkt. Im Ersten und Zweiten Weltkrieg diente die Hohenzollernfestung als Gefangenenlager, so etwa 1918 für den späteren Staatspräsidenten Frankreichs, Charles de Gaulle (1890–1970). Wülzburg mit seiner Renaissance-Festung ist heute ein Ortsteil von Weißenburg. Das Sprichwort bringt also die Angst vor diesen zeitweilig auch als Gefängnisse dienenden Burgen bzw. Stadt- oder Halsgerichten zum Ausdruck. In Langenzenn z. B. wurde die Todesstrafe einst auf dem Galgenberg im Osten der Stadt vollzogen und die Cadolzburg/Lkr. Fürth war früher ebenfalls eine Hohenzollernresidenz.

▶ Die Große Kreisstadt Weißenburg, dessen Altstadt denkmalgeschützt ist, liegt im Naturpark Altmühltal. Sie ist Verwaltungssitz des Landkreises Weißenburg-Gunzenhausen.

Wiesethbruck → Bechhofen

Windsbach (Lkr. Ansbach)

's tüt der Hirt von Leipersloh,
's tüt der Hirt von Milta:
D'Madli kost'n an Taub'ndreck,
d'Bub'n kost'n an Gülda.[1]

(= Es tutet der Hirte von Leipersloh, es tutet der Hirte von Mildach: die Mädchen kosten einen Taubendreck, die Burschen kosten einen Gulden.) Dieser alte „mittelfränkische Ortsneckreim" stammt aus Dürrenmungenau, heute ein Ortsteil der Stadt Abenberg bei Roth. Leipersloh wiederum ist einer von 29 Ortsteilen der Stadt Windsbach. Mit „Milta" ist nicht „Miltach" gemeint – wie Bronner angibt – sondern das gut 6 km von „Leibschloa" entfernte Mildach, welches heute zu Kammerstein gehört. Dort findet alljährlich der größte Mittelaltermarkt Mittelfrankens, das „Sagenfest", statt.

▶ Die Stadt Windsbach (in der Mundart: „Winschba") liegt an der Fränkischen Rezat. Sie ist auch bekannt durch den 1946 gegründeten „Windsbacher Knabenchor".

Zell → Hilpoltstein

Zimmern → Pappenheim

Zirndorf (Lkr. Fürth)

**Zendorf und Schda
braung a Grichd ala.**[1]

(= Zirndorf und → Stein brauchen ein Gericht allein.)

**Vur lauder Gier
nachn Zirndorfer Bier.**

„Ein beliebter Spruch, wenn sich z. B. jemand beim ersten Zug verschluckt."[2] Den Reim soll in der Zeit zwischen den beiden Weltkriegen ein Arzt aufgebracht haben; Brauort war Zirndorf aber schon seit 1674.

▶ Von 1792–1806 gehörte das mittelfränkische Zirndorf zu Preußen. Wie im nahen Nürnberg ist die Spielzeugindustrie seit jeher von großer Bedeutung. So wurde hier 1913 der Brummkreisel „erfunden". An den Kreisel knüpft das Stadtmotto „Hier dreht sich was" an. Seit 2003 ist die Stadt Hauptsitz der Verwaltung des Landkreises Fürth und somit Kreisstadt.

Abtsdorf (Gem. Frensdorf) → Burgebrach

Altenkunstadt (Lkr. Lichtenfels)

Er bleibt sitzen wie ein Altenkunstädter Hefenkloß.

Angeblich vergaßen die Frauen von Altenkunstadt einst bei der Zubereitung von Hefeklößen das Wichtigste: die Hefe. Als der Teig nicht aufgehen wollte, „stellten sie ihn auf einen Berg, damit ihn die Sonne hochtreibe. Es war jedoch vergeblich. Die ausgedörrten Hefenknödel schmeckten trotz feinster Hutzelbrühe als Zutat nachher patzig und unappetitlich. Die Hefenklößgeschichte ist an den Burg- und Altenkunstädtern durch den Spitznamen ‚die Hefenklöße' hängen geblieben. Sprichwörtlich sagt man in dieser Gegend von einem Faulen: ‚Er bleibt sitzen wie …'"[1]

▶ Die Gemeinde Altenkunstadt liegt am Fuße des Kordigast. Sie ist eng mit ihrer Nachbarstadt Burgkunstadt, einem früheren Zentrum der deutschen Schuhindustrie, verbunden.

Bad Staffelstein (Lkr. Lichtenfels)

Nach Staffelstein
G'hört Haut und Bein.

Zu dem Reim ist im *Fränkischen Kurier* vom Jahre 1856 Folgendes vermerkt: „Was die Viktualien anbelangt, so haben wir auch in dieser Beziehung nur Unerfreuliches zu berichten. Die meisten Biere, obschon glänzend hell, haben einen widerlich süßen Syrup- und Spiritus-Zusatz, Surrogate, welche den Mangel des Malzes ersetzen sollen. Das Fleisch scheint noch die pharaonischen Zeiten zu repräsentieren, so nämlich, daß wir das ganze Jahr hindurch nur an

den sieben mageren Kühen herumzuzausen haben, und aus diesem
Grunde auch seit geraumer Zeit in einem gewissen Städtchen das
Sprichwort besteht: ‚Nach Staffelstein G'hört Haut und Bein.'"[1]
Staffelstein ist übrigens auch im 1859 entstandenen *Frankenlied*
Victor von Scheffels vertreten: „Zum heil'gen Veit von Staffelstein
Komm ich empor gestiegen und seh' die Lande um den Main Zu
meinen Füßen liegen."[2]

▶ Staffelstein führt seit 2001 den Namenszusatz „Bad". Die „Adam-Riese-
Stadt" (der Rechenmeister, der von 1492–1559 lebte, eigentlich „Adam Ries"
hieß und noch heute durch den Spruch „Das macht nach Adam Riese" in aller
Munde ist, gilt als der berühmteste Staffelsteiner) liegt im sog. Gottesgarten
am Obermain, wo neben dem Staffelberg – Frankens berühmtestem Berg – auch
noch Kloster Banz und die Wallfahrtskirche Vierzehnheiligen zu finden sind.

Bamberg

Bamberg ist der Nabel von Deutschland.

„Volksmund."[1] Die Ansicht findet sich schon 1656 bei Merian: „Es
wird diese Stadt von theils für daz Mittel deß Teutschlands gehalten."[2] Fast ein Jahrhundert später ist dieser Anspruch, den natürlich auch andere Orte erhoben (z. B. Plauen), immer noch geltend
gemacht worden: „Sonst nennet man auch diese Gegend, so der
Mittel-Punct von Deutschland seyn soll, ‚Umbilicum Germaniae'."[3]
Und weiter: „In Deutschland hiess früher … Bamberg der Umbili-
cus von Deutschland."[4]

**Reben, Meßgeläut, Main, Bamberg,
das ist Franken.**

„Volksmund."[5] Statt „Bamberg" könnte es hier aber auch Würzburg
heißen. Mit Unterfrankens Hauptstadt ist Bamberg zudem im folgenden Spruch verbunden:

Würzburg ist durch Wallmauern, Bamberg durch einen Seidenfaden befestigt.[6]

„Als Heinrich II. und Kunigunde das Bistum Bamberg stifteten, war Papst Benedikt III. nicht damit zufrieden, weil er einen Nachteil für Würzburg befürchtete. Doch Heinrich beruhigte ihn und versprach ihm jährlich 100 Mark Silber. Benedikt weihte nun das neue Bistum selbst, die Kaiserin aber stellte die Bamberger Bischöfe frei von aller höheren geistlichen Jurisdiktion mittels einer Urkunde, welche der hl. Kunigunde Seidenfaden genannt wird (Sericum St. Cunigundis filum), daher das Sprichwort.“[7] Das heiliggesprochene Kaiserpaar Heinrich II. (973–1024) und Kunigunde liegt im Bamberger Dom begraben, wo auch der berühmte „Bamberger Reiter“, eine Steinskulptur aus dem 13. Jahrhundert, zu sehen ist.

Wenn Nürnberg mein wär', wollt ich's in Bamberg verzehr'!

Urheber dieser sprichwörtlich gewordenen Aussage war wohl der Bamberger Domherr Albrecht von Eyb, der sie 1452 in einer Lobschrift auf die Stadt tätigte. Deuten läßt sich der Satz wie folgt: „Bamberg war damals den Sinnenfreuden stärker zugeneigt als das von Gewerbefleiss geprägte Nürnberg. Die Kombination des in Nürnberg erarbeiteten Wohlstandes mit der Lebensqualität Bambergs bot nach diesem Spruch also das beste Ergebnis.“[8]
Detaillierter äußerte sich hierzu Martin Zeiller im Jahre 1656: „Bamberg … ist sonsten ein sehr lustiger Ort/daß daher dieses Sprichwort entstanden: ‚Wann Nürnberg mein wäre/so wolte ichs zu Bamberg verzehren.' Dann die Gegend herumb sehr fruchtbar/ allda ziemlicher Weinwachs/Getrayde und Baum-Früchten; sonderlich aber Zwibel/ und Süß-Holtz zu finden … Es stehet in dem … Braunen Städt-Buchs/daß kaum an einem Ort Teutsch-Landes mehrer Saffran/als allhie /wachse: auch nirgends so viel Melonen und Pfeben/auch andere dergleichen Früchte/ so eine geschlachte Lufft erfordern / gerathen.“[9] Das mit einem Erwerb Nürnbergs ver-

fügbare Vermögen würde man also in Bamberg „verprassen", da dieser Ort „lustig" (= schön gelegen) und die dortige Gegend reich an Feld- und Waldfrüchten ist. Sogar den Anbau von „Pfeben" (Kürbismelonen) lässt die „geschlachte Lufft" (= milde Temperatur) in Bamberg zu. Mit dem „Braunen Städt-Buch" war Georg Brauns 1574 erschienenes *Civitates Orbis Terrarum* gemeint, das populärste Städtebuch des 16. Jahrhunderts.

Das besagte Sprichwort wird dann auch in einem „Reise-Lexicon" vom Jahre 1744 erwähnt, wo über die bischöfliche Residenzstadt Bamberg u. a. Folgendes festgehalten ist: „Sie liegt am Flusse Rednitz, 9 Meilen von Nürnberg, im Fränckischen Kreise, in einer so angenehmen Gegend, daß hiervon das Sprichwort entstanden: ‚Wenn Nürnberg meine wäre, so wolte ich es in Bamberg verzehren'."[10]

Geradezu überschwänglich äußerte sich in dem Zusammenhang dann um die Wende zum 20. Jahrhundert der Bayer Bronner: „Es hat noch keiner zu viel getan, wenn er die Stadt lobt. ‚Fränkisches Rom!' ‚Königin des Frankenlandes!' ‚Blume im Gartenlande Bayerns!' ist Bamberg von begeisterten Freunden schon genannt worden. Der Ehrentitel ‚Siebenhügelstadt Deutschlands' trifft ihren Charakter wohl am besten .... Bamberg ist eine Stadt, der man vom ersten Augenblick an gut sein muß und wo man sich köstlich wohl fühlt. Ja, ich begreife recht wohl den alten Königsausspruch: ‚Wenn Nürnberg mein wär', wollt ich's in Bamberg verzehr'!'"[11] Wie diese letzte Version zeigt, spricht viel dafür, dass die Aussage ursprünglich wohl gereimt war.

(s. auch → Nürnberg)

Einfach wie Bamberger Zwiebel sein.[12]

Die Redensart, bei der es sich nach Plaut um ein „sehr altes Wort" handelt, gab es auch noch in der Variante *Einfältig wie Bamberger Zwiebel* und wurde ironisch auf einen „durchtriebenen Schalk" angewandt.[13] Bei Orlamünder heißt es dazu: „Von einem bayrischen Eulenspiegel gilt das alte Wort; ‚Einfach wie Bamberger Zwiebel'."[14] Wie vorhin angedeutet, ist die Bamberger Gegend seit Jahrhunderten ein Hauptanbaugebiet von Zwiebeln, so dass die Bewohner der Bischofsstadt den Necknamen „Zwiefltreter" verpasst bekamen. In einem Singreim heißt es denn auch: „Bamberger Hörnla, Gemüs' und Bier, beckt, baut und braut kaner besser als mir! Und unseren Spitznamen den kennt a jeder: Mir senn die Bamberger ,Zwiefltreter.'"[15] Der schnelleren Reifung bzw. der optimalen Wachsrichtung wegen musste man nämlich die Zwiebelschloten im Hochsommer „umtreten" (= knicken). „Als Regel galt: Wenn die Zwiebeln so groß wie Henneneier sind, müssen sie umgetreten werden, damit sie leichter einziehen."[16]

Bamberger Zwiebeln waren selbst in Ostpreußen ein Begriff. Dort lautete ein Sprichwort: *Das Frauenzimmer ist einfältig wie die Bamberger Zwiebeln, die haben neun Häute.*[17] Ohne den Bezug auf Bamberg pflegte man in Altbayern Ähnliches von den Weiberleuten zu sagen. Es hieß dann, ein Weib habe „neun Häut wia a Zwiefl".[18] Queri fügt diesem Beleg eine Bad Reichenhaller Erklärung der neun Häute bei, wonach jedes Weib nicht nur menschliches Verhalten an den Tag lege, sondern sich auch mitunter wie ein Stockfisch, ein Bär, eine Gans, ein Hund, ein Hase, ein Ross, eine Katze oder eine Sau aufführe.[19]

Die hot a Goschn wi a Bambärchä Gädnära.

(= Die hat ein Mundwerk wie eine Bamberger Gärtnerin.) „Zur Bezeichnung eines scharfzüngigen, üble Nachrede verbreitenden Menschen."[20] Gemeint dürfte damit wohl vor allem eine Marktfrau sein, die im Bamberger Dialekt „Gämüüsoäschl" genannt wird. Einer solchen Gärtnerin, der „Humsera", setzte die Stadt auf dem „Grünen Markt" in der Fußgängerzone ein Brunnendenkmal.

Die Bamberger Marktfrauen scheinen aber nicht nur durch ihr loses Mundwerk aufgefallen zu sein. So gab es in der Sonneberger Gegend in Thüringen die Redensart *Die secht aus wie a Bambarcher.* Dem *Thüringischen Wörterbuch* zufolge bedeutet das „ist beleibt" und es bezieht sich auf eine „Gemüsehändlerin aus Bamberg".[21] Zur herausragenden Rolle der Bamberger Gärtner heißt es in einer Quelle vom Jahre 1832: „Unter den zahlreichen Zünften der gewer-

Abb. 17 „Die hot a Goschn wi a Bambärchä Gädnära": Die Humsera als Brunnenfigur in Bamberg.

bigen Stadt Bamberg im Obermainkreise ist die der Gärtner die betriebsamste; sie zählt 508 Meister, 70 Gesellen und 280 Taglöhner. Der höchste Gewinn kommt aus dem Anbau officineller Pflanzen, besonders des Süßholzes, das nur alle drei Jahre gegraben werden kann … Auch an Sämereien aller Art ist der Gewinn nicht unbedeutend … Ueber 300 Zt. Saamen werden nach den Niederlanden, nach England, Oesterreich, Preußen und Sachsen gesandt."[22]

> **Wer in der Suttn nit gsehn hat a Kind,**
> **und auf'm Domberg nit gspürt an Wind,**
> **und kein Grobheit kriegt hat auf'm Kaulberg,**
> **der war nit in Bamberg!**

Bei Bronner ist dieser Reimspruch im Abschnitt „Vierspannige Ortsneckreime als Wandersprüche" zu finden.[23] In der Tat wurde der Vierzeiler vielfach den jeweiligen Gegebenheiten angepasst, wobei der Ortsname nicht immer enthalten ist. Mit der „Sutte" in obigem Reim ist eine Altstadtstraße Bambergs gemeint und auf dem Kaulberg, wo es wohl häufiger zu Auseinandersetzungen kam, gibt es noch heute stark frequentierte Biergärten.

**Die Ros'n sin rot;
die Blätter sin g'flecket;
die Bügedä Madla
sin alla kühflecket.**[24]

(= Die Rosen sind rot; die Blätter sind gefleckt; die Buger Mädchen sind alle voller Sommersprossen.) Zu diesem Ortsneckreim gab es auch ein Gegenstück für die jungen Burschen: *Die Ros'n sin rot; die Blätter sin gelb; die Bügedä Bursch'n hab'n alla kaa Geld.*[25] Bug ist heute ein Stadtteil Bambergs.

**Af den Messer kosd aff Bamberch reitn
und housd deich nonich nei ner Orsch gschniddn.**[26]

(= Auf dem Messer kannst du nach Bamberg reiten ohne dich in den Arsch zu schneiden.). D. h., so stumpf ist es. Die Metapher stammt aus Helmbrechts im oberfränkischen Landkreis Hof, von wo aus man zirka 90 km nach Bamberg zu reiten hätte. Im 60 km entfernten → Nürnberg hieß es ebenfalls: *Af den Messer koosd af Bamberch reidn.*[27] Nicht anders in Thüringen: *Uf dan Messer kammer uf Bambarg reit.*[28] Der Ritt hat hier volkskundlich mit dem der Hexen zu tun. Das wurde in vielen Gegenden Deutschlands (mit jeweils anderen Orten) gesagt, wenn ein Messer stumpf war. Für Abergläubische hatte es durchaus einen tieferen Sinn: „Der Messerritt ist unverkennbar ein Hexenritt und bezieht sich auf den Volksglauben: Man darf sein Messer nicht mit der Schneide nach oben legen, weil sonst die Hexen darauf zum Blocksberg reiten."[29]

Mit dem Blocksberg war natürlich der angebliche Hauptversamm-
lungsplatz der Hexen auf dem Brocken im Harz gemeint.

▶ Die Universitätsstadt Bamberg, dessen unversehrte historische Altstadt den
Status eines UNESCO-Weltkulturerbes hat, führte auch den Beinamen „Das
fränkische Rom", da es ebenfalls auf sieben Hügeln erbaut wurde. Die Bistums-
stadt besitzt zudem Deutschlands ältesten vollständig erhaltenen Kreuzweg.
Der „Bamberger Honigmarkt" findet nur einmal im Jahr statt, „Bamberger
Hörnla" (Gebäck) oder ein „Schlenkerla" (Rauchbier) sind dagegen in der Stadt
jederzeit zu haben.

Bayreuth

Bayreuther Gebot,
Selber Brot,
Thiersteiner Bier
währt nur ein Wocher vier.

„Volksmund … So mochte der Fichtelberger zur Zeit der kraftlosen
bayreuthischen Wirtschaft wohl das trutzige Verschen sprechen."[1]
Mit „Gebot" waren hier natürlich die obrigkeitlichen Gesetze, Er-
lasse und Vorschriften gemeint, die sich manchmal nur kurzzeitig
durchsetzen ließen. Der Vierzeiler entstand wohl noch zu Zeiten
des Fürstentums Bayreuth, möglicherweise im 18. Jahrhundert.
Belegbar ist er erstmals 1833, wo es heißt: „Das Thiersteiner Bier,
jetzt in der Regel trefflich, war sonst nicht gut berüchtigt; denn ein
Sprichwort sagte: *Bayreuther Gebot, Selber Brod, Thiersteiner Bier
Währt nur a Wochner vier.*"[2]
Dass behördliche Gebote schwer einzuhalten waren, berichtet der
Volksmund auch von vielen anderen Orten oder Herrschafts-
gebieten. Meist war sogar nur von drei Tagen Haltbarkeit die Rede:
*Schleizer Gebot, Lobensteiner Brod, Saalburger Bier hält der Tage
drei oder vier*[3] bzw. *Quedlinburger Pott und Halberstädter Gebot
halten nur drei Tage*[4] oder *Nürnberger Gebot währt drei Tage.*[5]

▶ Die Wagner- und Universitätsstadt Bayreuth (fränkisch: „Baraid") ist vor allem durch die „Bayreuther Festspiele" auf dem Grünen Hügel bekannt. Die einstige markgräfliche Residenzstadt liegt am Roten Main und ist heute Sitz der Regierung von Oberfranken.

Bug → Bamberg

Burgebrach (Lkr. Bamberg)

**Abtsdorf und Vorra,
Simmersdorf und Horba,
Oberköst und Unterköst,
Mühlhausen is 's Judennest.**[1]

Oberköst ist heute einer von 29 Ortsteilen von Burgebrach. Eine jüdische Gemeinde gab es in Burgebrach von 1451 bis 1926. Abtsdorf und Vorra gehören heute zu Frensdorf. Dort war seit dem 17. Jahrhundert bis 1898 eine jüdische Gemeinde vorhanden. Unterköst ist jetzt ein Gemeindeteil von Pommersfelden und → Mühlhausen gehört zur VG Höchstadt a. d. Aisch/Mfr.

▶ Der Markt Burgebrach, 1032 das erste Mal urkundlich erwähnt, ist heute Sitz der VG Burgebrach.

Buttenheim (Lkr. Bamberg)

**Bei Eglsham und Buttenham,
da koma d' Hex'n und Trud'n z'am!**

(= Bei → Eggolsheim und Buttenheim, da kommen die Hexen und Druden zusammen.) Insbesondere befürchtete man das in der Nacht auf den 1. Mai, und so trachtete man dort in der Walpurgisnacht „die Hexen abzuknallen."[1] Orte mit der Endsilbe „-ham" reimen sich natürlich wunderbar auf „zusamm" und so gibt es ähnliche Sprüche für u. a. das oberpfälzische Eschlkam und das rheinhessische Hamm: *Z'Eschlkam kemmand oi Vögl zam!*[2] bzw. *Zwische Eich unn Hamm komme die Spitzbuwe zamm.*[3]

▶ Buttenheim ist der Geburtsort des Jeans-Erfinders Löb Strauß, der dort 1829 als Sohn jüdischer Eltern zur Welt kam. Nach seiner Auswanderung nach Amerika im Jahre 1853 nannte er sich Levi Strauss. Sein Geburtshaus ist heute ein Museum. Der Markt Buttenheim liegt im Regnitztal.

Coburg

Wer zu Koburg über den Kirchhof geht ohne Wind,
durch den langen Kram, ohne zu kriegen ein Kind,
den Steinweg hinaus ohne Spott,
der rühme sich einer Gnade von Gott.[1]

Bis zu einem Regierungserlass im Jahre 1920, der u. a. die Schreibweise „Coburg" festlegte, kannte man die Stadt vorwiegend als „Koburg". In ihrem Zentrum führt eine Ladenreihe noch heute die Bezeichnung „Langer Kram" und der „Steinweg" ist jetzt die längste Einkaufsstraße in der Fußgängerzone. Der Vierzeiler war, jeweils an die entsprechenden Orte angepasst, in vielen Landstrichen Deutschlands verbreitet, so etwa auch in der Oberpfalz. Für deren frühere Hauptstadt lautete er: „Wer zu Amberg hinter der Pfarrkirch' steht und weht kein Wind, wer durch die lang Gass' geht und schreit kein Kind, wer über die Krambruck kommt ohne Schand' und Spott, der hat eine besondere Gnad' von Gott."[2]

Mit Schand und Spott hatten dagegen einst die folgenden Redensarten zu tun:

Der is verrufe wie e Coborjer Sechskreuzerstick.[3]

In Frankfurt bezeichnete man damit „eine verrufene Persönlichkeit. – ,Die im eignen Lande verrufenen Coburger Sechskreuzerstücke', so lautete die öffentliche Bekanntmachung vonseiten des Rechenei-Amts, waren in Frankfurt verboten."[4] Auch im Saarbrücker Raum gab es diese Redensart: *Verruf wi e Koburger Sechser.*[5] So war etwa das saarländische Sankt Wendel von 1815–1830 coburgisch.[6] Ebenso hieß es im Raum Worms/Groß-Gerau/Alzey von einer Person mit üblem Leumund: *Er ist verufe wie e Koburjer Sechskreizerstich* bzw. *Veruf wie e Koburjer Kreizer.*[7] In Sachsen kursierte die Redensart *abgesetzt wie ein Coburger Sechser*[8] und in Thüringen kannte man die Lesart *Falsch wie a Coburger Sechser* im Sinne von „sehr hinterhältig".[9] In Gau-Algesheim war zudem noch die Version *Sou schlechd wie e Koburjer Grosche* in Umlauf.[10] 60 Kreuzer hatten übrigens normalerweise den Wert von einem Gulden.

Warum nun der „Koburger Kreuzer" einen derart schlechten Ruf hatte, lag wohl daran, dass dabei oft – wie die Thüringer Version schon nahelegt – Falschmünzer am Werke waren. So warnte etwa die „Königliche Baierische Kriegs- und Domainen-Kammer" im Jahre 1807 die Bevölkerung in Franken: „Es sind diese falsche [sic!]

Abb. 18 „Verrufe wie e Coborjer Sechskreuzerstick": Coburger Sechskreuzermünze von 1805.

123

Münzen blos aus schwarzem Tombak geprägt und versilbert, und unterscheiden sich hauptsächlich durch ihre blasse Farbe und vorzügliche Größe von den ächten dergleichen Münzsorten. Auch verräth die korrupte und fehlerhafte Umschrift ihre Unächtheit, und ist besonders auf den falschen Koburger-Sechsern vom Jahre 1806 das Wort: Koburg in Corurg verwandelt."[11] Der „Tombak" war ein durch Schmelzen von Kupfer, Messing und Zink hergestelltes Metall.

▶ Coburg ist der Stammsitz des herzoglichen Hauses Sachsen-Coburg und Gotha. Dieses hatte im 19. Jahrhundert enge verwandtschaftliche Beziehungen zu Europas Fürstenhäusern und stellte damals die Monarchen in Großbritannien, Portugal, Belgien und Bulgarien. Seine berühmtesten Vertreter sind die britische Königin Victoria (1819–1901), eine Tochter der Prinzessin Victoire von Sachsen-Coburg-Saalfeld, und ihr Cousin und Ehemann Prinz Albert von Sachsen-Coburg und Gotha (1819–1861). Die Veste Coburg ging 1919 in Staatsbesitz über. Die sog. „Fränkische Krone" ist heute eine der größten erhaltenen Burganlagen Deutschlands. In der kreisfreien Stadt gibt es als kulinarische Spezialitäten u. a. die „Coburger Klöße" und die „Coburger Bratwurst".

Dörrnwasserlos → Scheßlitz

Ebrach (Lkr. Bamberg)

**Im Kloster Ebrach liegt der Teufel
und seine Mutter begraben.**

Wander kommentiert den Spruch wie folgt: „Ebrach war ein Mönchskloster in Oberfranken. Nach den *Historischen Nachrichten von dem Ursprung und Wachsthum der Stadt Nürnberg* ... ist im Jahre 1451 ‚Hannes Teufel wohl betagt, der letzte seines geschlechts und stammes verstorben; und weilen man vorhero seine mutter, eine Schürstabin, in das closter Ebrach begraben, ist er auch dahin gelegt worden‘, daraus das obige Sprichwort entstanden ist."[1] Die

Familie Schürstab gehörte einst zum Nürnberger Patriziat. In der Gemeinde Schwaig b. Nürnberg gibt es z. B. eine Schürstabstraße.

Über das Zisterzienserkloster Ebrach, welches 1803 der Säkularisation zum Opfer fiel und in dessen Gebäuden sich jetzt die JVA Ebrach befindet, ist zudem ein weiterer Spruch überliefert:

Ebrach hat nur Ein Ei weniger Revenüen,
als das aus 94 gevierten Meilen
bestehende Fürstenthum Würzburg.

Dazu vermerkt eine Quelle vom Jahre 1832, die sich u. a. mit den „Orts-Merkwürdigkeiten des Königreiches Bayern" befasst: „Im westlichen Theile des Landgerichtes Burgebrach im Obermainkreise liegt das Pfarrdorf Ebrach, berühmt durch die aufgelöste Cistercienser-Abtei Ebrach und deren schöne Klosterkirche. Diese Abtei, die reichste in Franken, hatte bei ihrer Auflösung eine Rente von wenigstens 125,000 fl.; der Waldstand umfaßte 25,000 Morgen, welche jährlich über 80,000 fl. ertrugen. Dieser gewaltige Reichthum des Stiftes erzeugte das Sprichwort: ‚Ebrach hat nur Ein Ei weniger Revenüen …'"[2]

Mit letzterem waren „Einkünfte" gemeint (vgl. engl. *revenues*) und die Abkürzung „fl." stand früher gemeinhin für „Gulden" (von Florin, einer nach Florenz benannten Goldmünze). Eine „gevierte Meile" bezeichnete eine Quadratmeile. Demnach umfasste das Gebiet des Hochstifts bzw. Fürstentums Würzburg 5.176 qkm. Bei seiner Auflösung 1803 wurde dem abgesetzten Fürstbischof eine Jahrespension von 60.000 Gulden zugesprochen. (Zum Vergleich: Der heutige Regierungsbezirk Unterfranken hat eine Fläche von 8.530 km².)

▶ Der Markt Ebrach bildet mit dem Markt Burgwindheim eine Verwaltungsgemeinschaft. Er liegt an der Mittleren Ebrach, einem Zufluss der Rauhen Ebrach.

Eckersbach → Schlüsselfeld

Effeltrich → Forchheim

Eggolsheim (Lkr. Forchheim)

**Bei Eglsham und Buttenham,
da koma d' Hex'n und Trud'n z'am![1]**

(= Bei Eggolsheim und → Buttenheim, da kommen die Hexen und Truden zusammen!) Die Truden bzw. Druden sind weibliche Fabelwesen. U. a. setzen sie sich angeblich nachts auf die Brust von Schlafenden und verursachen so das Alpdrücken. Daher das alte Synonym „Nachtmahr" (vgl. engl. *nightmare*) für eine Trut. Gegen diese Geisterwesen soll man sich mit dem Drudenfuß, einem invertierten Pentagramm, schützen können. Notfalls behalf man sich auch mündlich: „Gegen Alpdrücken hilft folgender Spruch: ‚Komm' morgen, ich leih' dir was' (der Gegenstand wird beliebig angegeben); dann kommt die Drud sicher am andern Morgen (Oberfranken)."[2]

▶ Der Markt Eggolsheim gehörte jahrhundertelang zum Hochstift Bamberg und ist heute Teil der Metropolregion Nürnberg. Bei den „-heim-Orten" handelt es sich nach Schiener „vermutlich um die ersten fränkischen Plansiedlungen."[3] Deren östlichste ist nun Eggolsheim.

Fischbach → Kronach

Forchheim (Lkr. Forchheim)

Er sieht aus wie der Tod von Forchheim.[1]

So sagte man einst in Nürnberg, wo es mundartlich natürlich „Toud von Forchem" hieß.[2] Herbert Maas merkt hierzu Folgendes an: „„Doud vo Forchheim', heute noch ein bekanntes Nürnberger Spottwort für einen ‚schlecht aussehenden Menschen'. Schon Ambrosius Gabler hat um 1800 einen aufgeschossenen hageren Mann mit grimmigen Gesichtszügen gezeichnet und ‚Taut vo Forcham' daruntergeschrieben. ‚Er sieht aus wie der Tod' ist in der allgemeinen deutschen Umgangssprache üblich. Dazu gibt es vielfältige Zusätze, den durch Volkslieder verbreiteten Tod von Basel; im Rheinischen u. Schweizer Wörterbuch wird ein Tod von Ypern registriert, im schwäbischen Wörterbuch ein Tod von Schmiechen. Einerseits kann sich eine solche Redensart aufgrund einer bildlichen Darstellung (Basler Totentanz) entwickelt haben, was auch für den Tod von Forchheim vermutet wurde. Neuerdings wurde auf die Existenz von Forchheimer Geschützen hingewiesen, die im Dreißigjährigen Krieg und schon vorher Tod und Schrecken verbreitet haben: die Schnellin, die Limpurgerin, die Würzburgerin und die Tanzerin. Gestützt wird diese jüngste Erklärung durch den Vergleich: Tod von Ypern, der wahrscheinlich erst nach der Zerstörung der Stadt Ypern durch die Schlacht im Ersten Weltkrieg aufkommen konnte. Theoretisch kämen auch zwei andere Erklärungen in Frage: Pestepidemie oder ein bestimmtes Forchheimer Original. Aus alten Quellen ist bisher noch kein direkter Beleg bekannt."[3]

Was jedoch Quellen aus dem 19. Jahrhundert eindeutig belegen, ist, dass der besagte Vergleich mit Ypern keineswegs auf die dortige Schlacht im Ersten Weltkrieg zurückgeführt werden kann. Zur Pesttheorie hingegen gibt es stützende Hinweise: „Diese heute noch gängige Redensart, vielleicht in ganz Franken mehr bekannt als in Forchheim selbst, beruht ... auf der mittelalterlichen Geschichte Forchheims. Forchheim war durch die drei Flüsse (Wiesent, Trubbach, Regnitz) immer sehr wasserreich. Als südlichstes Bollwerk des katholischen Gebietes um Bamberg war man natür-

Abb. 19 „Blass wie der Tod von Forchheim": Darstellung des Schmerzensmannes. – Steinplastik an der Pfarrkirche St. Martin in Forchheim.

lich an einer Verteidigung Forchheims sehr interessiert. Also schickte man zu den damals etwa 2000 Einwohnern Forchheims noch die ‚Soldateska', etwa 2000 Soldaten mit ihren Familien. So mußten Forchheimer mit ihren Verteidigern auf engstem Raum zusammenleben, was natürlich Seuchen und Pest mit sich brachte. Der Weiher auf dem heutigen Marktplatz galt ebenso als Seuchenherd. Damals hatte Forchheim also den schlimmen Ruf: wer da hingeht, wird von Krankheiten gezeichnet zurückkehren, falls überhaupt. Und so bezeichnet man heute noch einen krank aussehenden, blassen Menschen mit: ‚Du siehst aus wie der Forchheimer Tod'".[4]

Letztendlich erscheint aber ein lokales *memento mori* (wie etwa auch in Lübeck) als Vorbild für den sprichwörtlichen Vergleich doch am plausibelsten. In Frage kommt hier der „Schmerzensmann" an der Forchheimer St.-Martins-Kirche, eine Steinfigur aus dem 14. Jahrhundert.

Die Wendung *Tod von Forchheim* kennt übrigens sogar das *Pfälzische Wörterbuch;* dort wird sie mit „langer, hagerer Mann" erklärt.[5] Und die Version *Der steht grad da wie der Tod von Forchheim!* wird mit: „Jammervoll! ... Nürnberger und Erlanger Redensart"[6] kommentiert.

Die Reuther woll'n an Kuckuck hab'n,
der Kuckuck ist net do.
Sie hab'n 'n nei in Ranzen g'sperrt,
jetzt schreit er Mordio!

Bronner meint hier zu den ersten zwei Zeilen: „Vielleicht spielt dies auf Rodung, Waldmangel, an."[7] An anderer Stelle präzisiert er seine Vermutung: „Ziemlich häufig findet sich die Idee des Kuckuckneckens für solche Gemeinden, welche einst einen mächtigen Wald besessen haben, der ihnen im Laufe der Zeit ganz oder zum größten Teile verloren ging, oder aber, die nie so glücklich waren, solchen Reichtum ihr eigen zu nennen und deshalb von waldbesitzenden Nachbarorten mit der Nachahmung des Kuckucksrufes verulkt werden. Der Kuckucksruf bezeichnet hier also gleichsam den Waldmangel."[8]

Reuth ist seit 1972 ein Stadtteil von Forchheim. 1978 wurde dann auch das einst angeblich bettelarme Kersbach eingemeindet:

Bläh di auf Gosberg,
staareiches Pinzberg,
bettelarmes Kersbach,
versoffenes Poxdorf,
liederliches Effeltrich,
reich's Gaiganz.

„Ein gefährliches Sprüchlein, was da zusammengedichtet ist, aber es ist überliefert."[9] Mit „gefährlich" ist dabei – wohl wegen des enthaltenen Spotts – „gewagt" gemeint. Das „steinreiche" Pinzberg (mitsamt der Gemarkung Gosberg), Effeltrich (samt Gaiganz) und Poxdorf sind Nachbargemeinden von Kersbach, dem südlichsten Stadtteil Forchheims.

▶ Die Große Kreisstadt Forchheim, einst eine karolingische Pfalz und heute das „Tor zur Fränkischen Schweiz", verdankt ihren Namen einschlägigen Nadelbaumbeständen und wäre mit „Föhrenheim" gleichzusetzen. Zur Adventszeit fungiert das Rathaus als der „schönste Adventkalender der Welt". Das Stadtmotto lautet: „Fränkisch modern mit altem Kern".

Gaiganz (Gem. Effeltrich) → Forchheim

Gerach (VG Baunach, Lkr. Bamberg)

Gerach ist ein armer Ort,
alles läuft nach Hiften fort,
nur wer nicht kann, der bleibt zu Haus,
und leffert sie mit dem Messer aus.

„Der vorstehende Spruch erklärt uns, weshalb die Geracher … in der ganzen Umgebung die ‚Hiftenzupfer' sein müssen."[1] Mit „Hiften- bzw. Hiefenzupfern" waren Hagebuttenzupfer gemeint. Bronner hat hier die Version *Gerach ist ein armer Ort, alles läuft nach Hiefen fort. Wer nicht kann, der bleibt zu Haus, und putzt sie mit dem Messer aus.*[2]

▶ Die Gemeinde Gerach liegt im Naturpark Haßberge.

Glashütten (VG Mistelgau, Lkr. Bayreuth)

**In Glashütten wanns läut'n,
so läutens vor Not.
Und wenn a Bettlmandl durchgeht,
so nehmens ihm's Brot.**

Bei diesem oberfränkischen „Scherz-Trutzvers"[1] steht „Bettlmandl" natürlich für Bettelmann/Bettler. „Trutzvers" (vgl. um-
gangssprachlich „tratzen" = ärgern, necken) ist gleichbedeutend
mit „Spottvers".

▶ Der Ort Glashütten kann auf eine über 600-jährige Geschichte zurückblicken.

Goldkronach (Lkr. Bayreuth)

**Goldkronach, das Gold ist gestohlen,
die Krone verloren, das Ach ist geblieben.**

Es handelt sich hier erneut um einen sogenannten „Scherz-Trutzvers".[1] Der Hinweis auf das Gold könnte mit der Einstellung des
Goldbergbaus im Jahre 1928 zu tun haben.

**Er is net vo Gebersdorf,
sondern vo Nehmersdorf.**[2]

Das Wortspiel für eine wenig spendable Person bezieht sich auf die
Gemarkung Nemmersdorf, die heute zu Goldkronach gehört.

▶ Die Stadt Goldkronach ist ein staatlich anerkannter Erholungsort. Im Gold-
bergbau-Museum kann man sich über den von 1300–1928 betriebenen Gold-
bergbau informieren. Außerdem gibt es einen Besucherstollen und ein Besu-
cherbergwerk.

Gosberg (Gem. Pinzberg) → Forchheim

Gundelsheim → Hirschaid

Hallstadt (Lkr. Bamberg)

**In Hallstadt in Bayern
da geht's lustig zu,
da tanz'n die Bauern
mit hölzerna Schuh.[1]**

Der sprichwörtliche Reim war auch als „Trutzliedl" in Umlauf.[2] Er findet sich zudem bei Bronner im Abschnitt „Oberfränkische Ortsneckereien".[3]

▶ Die Stadt Hallstadt ist nicht zu verwechseln mit der Gemeinde Hallstatt im österreichischen Salzkammergut, nach der die „Hallstattkultur" benannt ist.

Heidelheim-Steinselb → Selb

Helfenroth → Rattelsdorf

Hirschaid (Lkr. Bamberg)

**Süsselfahr schick di;
Gundlsham derwischt di.**

(= Sassanfahrt beeil' dich, Gundelsheim erwischt dich.) Bronner listet den Reim bei den „oberfränkischen Ortsneckereien" auf und fügt bei beiden Orten hinzu: „etwas unruhiger Ort bei Bamberg".[1] Worin die „Unruhe" bei den rund 20 km auseinanderliegenden Kommunen bestand, bleibt allerdings unbeantwortet. Sassanfahrt

gehört heute zu Hirschaid, wie auch das nur 1½ km entfernte Köttmannsdorf, dessen Nähe zu Sassanfahrt in einem weiteren Ortsneckreim bestätigt wird:

Süsselfahr und Köttelsdorf
liegt net weit von einanda,
und wenn s' ein weiß'n Göcke seh'n,
woll'n s' ihn alle fanga.[2]

Beim „weißen Göcke", den alle einfangen wollen, wenn sie ihn sehen, handelt es sich natürlich um einen Gockel.

▶ Der Markt Hirschaid (mundartlich: Härschaad) liegt an der Regnitz.

Hof

Weyda, Gera, Greiz,
Hoff, Plauen, Schleiz,
Rhode, Lobde, Jene,
Triptis sin'rer Zehne.

„Entstand vielleicht in der Zeit des dreißigjährigen Krieges, wenn
man bei Darstellung der Ereignisse die zerstörten Ortschaften an
den Fingern abzählte; es kann aber auch nur ein alter Auszählvers
sein."[1] Mit „Hoff" ist offensichtlich das im bayerischen Vogtland
gelegene Hof gemeint, während Weida, Gera, Greiz, Schleiz, Lobe-
da, Jena, Triptis im thüringischen und Plauen sowie Rodewisch im
sächsischen Vogtland liegen.

Er singt wie ein Höfer Currentschüler.

Zu dieser ausgestorbenen Redensart heißt es in einer Quelle vom
Jahre 1865: „Daher denn auch die ‚Höfer Schule' den bedeutenden
Ruf, welchen sie schon unter ihrem Vater und Gönner, Markgrafen

Georg Friedrich genossen, sich immer und bis heute erhalten hat. Ihrem segensreichen Schooße entstiegen zu allen Zeiten Männer voll Kraft und Ansehen. Dabei beschränkte sich die Ausbildung der Jugend nie auf einseitige Lehrmethoden; frühzeitig legte man Gewicht auf den Gesangsunterricht und das Sprichwort ‚er singt wie ein Höfer Currentschüler' bewährte sich lange fort. Die 16 bis 18 armen Schüler des Alumneums mußten nämlich für die genossenen Wohlthaten zu Martini etc. vor den Bürgershäusern singen, ein Gebrauch, der von letzteren spät noch aufrecht gehalten wurde."[2]

Bei der „Höfer Schule" handelt es sich um das 1546 eingeweihte Gymnasium, sodass der eigentliche Stifter Markgraf Albrecht II. Alcibiades von Brandenburg-Kulmbach (1522–1557) war, der dafür die Anlagen eines säkularisierten Mönchsklosters zur Verfügung gestellt hatte. Der große Förderer der damals „Hochfürstliches Gymnasium" genannten Schule ist dann sein Nachfolger, Markgraf Georg Friedrich I. von Brandenburg-Ansbach-Kulmbach (1539–1603) gewesen. Schon zu jener Zeit gab es Gymnasiasten, die finanziell unterstützt wurden, dafür aber gewisse Regeln einzuhalten hatten:

„Den Stipendiaten der Höfer Schule war auch als eine besondere Kleiderordnung vorgeschrieben, keinen Mantel zu tragen, sondern feine Röcke mit Aermeln, die bis ans halbe Schienbein gehen, schwarze Strümpfe von Tuch oder Leder, einen schwarzen Leibrock von geringem Zeuch, feine lange Beinkleider, keine Hüte, im Sommer Baretts, im Winter Mützlein, keine lange, straubigte, aufgeriebene und über sich in Kolben gestrichene, sondern geschnittene schlichte Haare, nicht über die Stirne hängend wie bei den Weibern, nicht auf Narrenweis seitwärts gestrichen. Die Kleidung soll nicht flattern, nicht reuterisch oder hofmännisch seyn."[3]

Stipendiaten waren in gewisser Weise auch die Schüler eines Alumneums. Sie erhielten Kost und Logis unentgeltlich, mussten aber oft selber einen Beitrag zum Unterhalt leisten. Bei den sogenannten „Currentschülern" bestand dieser darin, dass sie durch die Gassen zogen, (geistliche) Lieder vor den Haustüren sangen und so entsprechende Zuwendungen von den Zuhörern bekamen. Diese hie und da bis in die Mitte des 19. Jahrhunderts reichende Praxis

DIE KLOSTERSCHULE VON 1546

Abb. 20 „Singen wie ein Höfer Currentschüler": Das „Hochfürstliche Gymnasium", gestiftet von Markgraf Albrecht II. Alcibiades. – Ansicht des Alumneums von 1546.

lehnte sich an die der mittelalterlichen Bettelmönche an. Der Ausdruck „Currentschüler" bzw. „Currendaner" kommt vom lateinischen *currere*, d. i. „laufen" (vgl. frz. *courir*) und eine „Currende" war ursprünglich ein Umlauf.

Der berühmteste Currentschüler ist wohl der Reformator Martin Luther (1483–1546) gewesen. Es gibt sogar eine Reihe von diesbezüglichen Lithographien, Stahlstichen oder Illustrationen, etwa mit dem Titel: „Luther singt als Currentschüler vor der Thüre der Frau Ursula Cotta in Eisenach, 1498".[4] Auch der Namenspatron des heutigen „Jean-Paul-Gymnasium-Hof", das auf die „Höfer Schule" von 1546 zurückgeht und somit eine der ältesten Schulen im deutschsprachigen Raum ist, erwähnt in seinen Werken den Begriff „Currentschüler". Der Schriftsteller Jean Paul (1763–1825), eigentlich Johann Paul Friedrich Richter, der ab 1779 selber Schüler am Gymnasium in Hof gewesen war, schreibt über einen Dichter in den *Flegeljahre[n]*: „Draußen vor dem Thore hörte er, daß das magische wie von Fernen kommende Freudengeschrei in seinem Innern von einem schwarzen fliegenden Corps oder Chor Currentschüler ausgesprochen wurde, das in der Vorstadt fugierte und schrie."[5]

In einer Hofer Vorstadt konnte man übrigens einst auch das „Bockala von Vogelherd" schon von der Ferne hören:

Bockala vo Naala /
Hot krumma Baala /
Bockala vo Sachsen /
Hot krumma Haxn /
Bockala von Vogelherd /
Is kan Pfennig wert.

Die geringe Wertschätzung hatte offenbar damit zu tun, dass der Betrieb oft gestört war: „Die Bahnlinie zwischen Hof a. d. Saale und Sachsen war unterbrochen."[6] Vogelherd ist heute ein Stadtteil von Hof, während „Bockala" (= Böckelchen) eine kleine Dampflokomotive bzw. mit entsprechendem Zusatz die betreffende Lokalbahnlinie bezeichnete. Mit dem „Bockala vo Naale" war demnach die Lokalbahn Naila–Hof gemeint.

▶ Hof an der Saale gehörte einst zum Fürstentum Kulmbach bzw. Fürstentum Bayreuth. Heute ist die kreisfreie Stadt u. a. bekannt durch die „Hofer Filmtage", den „Schlappentag" (Historienspektakel, findet seit über 500 Jahren immer eine Woche nach Pfingstmontag statt) und die „Hofer Brodwärschd". Diese und andere Würste bietet z. B. der „Wärschtlamo" in der Hofer Altstadt an. Dem „Würstchen-Mann" als Hofer Markenzeichen hat man am Sonnenplatz gar ein Denkmal gesetzt.
Die von Hof rund 20 km entfernte Stadt Naila liegt an der Selbitz und gehört heute zum Lkr. Hof.

Kersbach → Forchheim

Kirchenlamitz (Lkr. Wunsiedel im Fichtelgebirge)

**Die Reicholdsgrüner leihen
keinen Laib Brot über die Gasse.**

„Das Dorf liegt am nördlichen Ufer des Lehstenbaches. Die Höfe
stehen sämtlich auf der nördlichen Straßenseite nebeneinander ...
daher das Sprichwort."[1] Reicholdsgrün wurde 1978 nach Kirchenlamitz eingemeindet.

▶ Das am Fluss Lamitz gelegene Kirchenlamitz im Fichtelgebirge ist seit 1901
Stadt.

Köttmannsdorf → Hirschaid

Kronach (Lkr. Kronach)

Du bist ja von Kronach.

„Es mögen nun die Bambergischen Stadt-Kronacher oder unsere
Goldkronacher darunter zu verstehen sein, so haben doch die Bewohner der hiesigen Gegend das besondere Sprichwort, daß sie zu
einem, der etwas übertreibt, im Spaß zu sagen pflegen: ‚Du bist ja
von Kronach.'"[1]
Kronach und → Goldkronach sind rund 45 km voneinander entfernt.

**Fischbach, Fischbach, welch ein Schrecken,
wo wird unser Petrus stecken?
Unser Petrus, der muß her,
und wenn er selbst in Kronach wär.**[2]

Dieser „Spottvers" nimmt auf eine Schwanksage Bezug, nach der ein Fischbacher Adliger einst eine wertvolle Heiligenstatue billig abgegeben haben soll. Daher hatten die Fischbacher auch ihren Uznamen „Petrusverkäufer" weg. Fischbach ist heute ein Stadtteil von Kronach.

▶ Kronach, die Geburtsstadt von Lucas Cranach d. Ä. (1475–1553), liegt an der sog. „Burgenstraße." Mit der Festung Rosenberg hat die Kreisstadt denn auch eine der größten mittelalterlichen Burganlagen in deutschen Landen.

Lanzenreuth → Thurnau

Litzendorf (Lkr. Bamberg)

Wer über die eisene Bruck' geht und geht ka Wind ,
geht durch Pödeldorf – siecht ka Kind,
geht durch Litzendorf – wird nicht verspott',
hat a Gnad' von Gott!

(= Wer über die eiserne Brücke geht und es geht kein Wind, geht durch P. – sieht kein Kind, geht durch L. – wird nicht verspottet, hat eine Gnade von Gott!) In dieser Wanderstrophe ist mit der „eisernen Bruck" die „ehemalige Kettenbrücke von Bamberg" gemeint.[1] Pödeldorf gehört heute zur Einheitsgemeinde Litzendorf. Die besagte Strecke von Bamberg über Pödeldorf nach Litzendorf ist rund 10 km lang.

▶ Die Gemeinde Litzendorf liegt im Ellertal.

Mühlbühl → Nagel

Münchberg (Lkr. Hof)

**Vor Münchberg draußen,
da ist eine Allee,
da sind die Burschen
halt alle nit schö.**

„Nit schö" = nicht schön. In einer Variante dieser fränkischen Ortsneckerei wurde „Burschen" durch „Mädle" ersetzt.[1]

▶ Die Textilstadt Münchberg, die größte Stadt im Landkreis Hof, hat 59 Ortsteile.

Nagel (Lkr. Wunsiedel im Fichtelgebirge)

**In Nōgl, Milbil, Reichaboch,
do hod de Daifl sai Nidalōch.**[1]

Eine hochdeutsche Variante lautet: *Mühlbühl, Nagel, Reichenbach sind des Teufels Niederlag'.*[2] „Niederlag" bedeutet in diesem oberfränkischen „Scherz-Trutzvers" soviel wie „Niederlassung, Filiale, Aufenthaltsort". Der Reim fußt wohl auf einer alten Sage, in der es heißt, dass der Teufel Christus auf den Fichtelberg geführt und ihm für den Fall, dass er ihn anbete, alle Länder der Welt versprochen habe – mit Ausnahme von Nagel und Reichenbach: „denn diese beiden Dörffer wären sein des Satans Leibgeding."[3] Ein „Leibgedinge" war nach den Gebrüdern Grimm das, „was auf lebenszeit zur nutznieszung vertragsmässig gewährt wird."[4]
Dass die zwei Orte offenbar dem Teufel verschrieben waren, konnte man, wie in einer alten Beschreibung des Fichtelbergs zu lesen ist, angeblich bei den dort lebenden Menschen auch deutlich erkennen: „Die Inwohner dieser beyden Dörffer (welche eine Meyl wegs von Wunsidel liegen), seynd nehmlich von der allergröbsten Art mit, die nur vmb den Fichtelberg zu finden; zumalen ist N.

wegen der Zauberey sehr beschriehen, und welches nachdenck-
lich, findet man unter dem Weibes-Volck daselbst kaum eine, die
nicht einen Fehler oder Gebrechen irgendwo am Leib habe, dann
sie haben entweder Kröpfe am Halss ... oder sie haben wenigstens
gnug Wartzen und Krähen-Augen an sich."[5]
Die besagte „Grobheit" fand dann auch in einer weitverbreiteten
Redensart Ausdruck: „grob wie ein Fichtelberger". Mühlbühl und
Reichenbach sind heute Gemeindeteile von Nagel.

▶ Der staatl. anerkannte Erholungsort Nagel am See ist Mitglied der Verwaltungsgemeinschaft Tröstau.

Naila → Hof

Nankendorf → Waischenfeld

Nemmersdorf → Goldkronach

Oberköst → Burgebrach

Pettstadt (Lkr. Bamberg)

Mach's wie der Pettstadter Schmied.[1]

Der „in Oberfranken wohlbekannte Spruch"[2] geht auf einen
Schmiedemeister namens Sebastian Schubert zurück. Dieser wei-
gerte sich vor rund 100 Jahren, der polizeilichen Aufforderung
zum Verlassen eines Wirtshauses Folge zu leisten. Den Gendarmen
beschied er lediglich: „Des mach ich, wie ich mooch."[3] Das zog
eine Verhandlung vor dem Königlich Bayerischen Amtsgericht zu
Bamberg nach sich, die jedoch mit einem Freispruch endete. Seitdem gibt man in der Region mit obigen Worten den Rat, knifflige
Entscheidungen so zu treffen, wie man es für angebracht hält.

▶ Der Name der Gemeinde leitet sich wohl vom Personennamen Petto ab und
bedeutete daher ursprünglich „Siedlung des Petto".

Abb. 21 „Des mach ich, wie ich mooch": Schmiedemeister Sebastian Schubert. –
Fotografie, um 1900.

Pinzberg → Forchheim

Pödeldorf → Litzendorf

Pottenstein (Lkr. Bayreuth)

Wo liegt denn Pott'nstaa?
Pott'nstaa liegt im Teich;
wenn s'a Herdla Ent'n haa,
maana s', sie senn scho reich.[1]

(= Wo liegt denn Pottenstein? P. liegt am Teich, wenn sie eine Schar Enten haben, meinen sie, sie sind schon reich.) Ähnliches behauptete man auch von den Leuten in der Gegend von → Höchstadt an der Aisch. Dort waren es allerdings Gänse und nicht Enten. Mit dem „Teich" dürfte der Schöngrundsee gegenüber dem „Felsenbad Pottenstein" gemeint sein. Ein anderer Ortsneckreim über Pottenstein betraf die dortigen Mädchen:

Die Pottensteiner Maala,
die dürf'n si net prahl'n,
die können ja ihr'n Reichtum
im Fingerhut zertaal'n.[2]

(= Die Pottensteiner Mädchen, die dürfen nicht prahlen, die können ja ihren Reichtum im Fingerhut „zerteilen".)

▶ Die Stadt Pottenstein in der Fränkischen Schweiz ist u. a. wegen der nahen „Teufelshöhle", einer der größten Tropfsteinhöhlen Deutschlands, bekannt.

Poxdorf → Forchheim

Rattelsdorf (Lkr. Bamberg)

**In Helfenroth bekommt man ein Stück Brot,
In Zaugendorf wirft man's wieder weg.**

„Weil es so schlecht war."[1] „Wo die Not herrschte, da blieb oft kein Ausweg, als sich auf den Weg zu machen, um milde Gaben einzuheimsen … Aber nicht immer bekam man ordentliche Ware, wie das im Sprichwort anklingt: ‚In Helfenroth…'"[2] Die beiden, nur 300 m auseinander liegenden Ortschaften waren bis 1972 unterfränkisch und gehören seit der Gebietsreform zu Rattelsdorf.

▶ Die Marktgemeinde Rattelsdorf liegt im Itzgrund.

Reichenbach → Nagel

Reicholdsgrün → Kirchenlamitz

Reuth → Forchheim

Roßdorf am Berg (Gem. Stadelhofen) → Scheßlitz

Sassanfahrt → Hirschaid

Scheßlitz (Lkr. Bamberg)

**Die Dörnwasserloser sind das Scheißhaus,
die Weichwasserloser sind das Herz in der Tür,
die Rosdorfer sind der Deckel drauf.[1]**

„Herz in der Tür": Das hölzerne Aborthäuschen zierte meist ein in die Tür geschnittenes, herzförmiges Guckloch, mit dem sich feststellen ließ, ob das „stille Örtchen" besetzt war oder nicht. Dörrnwasserlos und Weichenwasserlos sind heute Stadtteile von Scheßlitz, Roßdorf am Berg gehört zu Stadelhofen.

▶ Die Stadt Scheßlitz (vor Ort: „Schäätz") ist die flächengrößte Gemeinde des Lkr. Bamberg.

Schlüsselfeld (Lkr. Bamberg)

Eckersbach fall ei!
Mach hint e vorn an Stützl no,
daß Eckersbach net einfall'n ko!
Eckersbach fall ei!

In dieser „oberfränkischen Ortsneckerei"[1] geht es warnend darum, dass Eckersbach hinten und vorne abgestützt wird, damit es nicht zusammenstürzt. Die Gemarkung Eckersbach ist seit 1978 ein Stadtteil von Schlüsselfeld.

▶ Die Stadt Schlüsselfeld liegt im Naturpark Steigerwald.

Schönwald (Lkr. Wunsiedel im Fichtelgebirge)

D'Schönwalder sind Prahler, sind Hungerleider,
die fress'n die Erdäpfel mitzanter Schleuder.[1]

Die Schönwalder waren beileibe nicht die einzigen, denen der Volksmund unterstellte, Kartoffeln mitsamt der Schale zu verspeisen. Das behauptete man u. a. auch in Thüringen (Veilsdorf) oder Rheinland-Pfalz (Rodalben). Der Ausdruck „Hungerleider", d. h. einer der Hunger leiden muss, unterstreicht die in diesem Zusammenhang gemachte Feststellung von Reinhard Haller: „Kartoffel und Kartoffelhäute spielen in der Ortsneckerei eine besondere Rolle. Sie sind das Symbol für Armut und unergiebige Landwirtschaft."[2] Der obige Reim findet sich bei Bronner im Abschnitt „Oberfränkische Ortsneckereien". Zu Schönwalds früheren Uznamen „Hungerleider" bzw. „Pilzenkracher" schrieb er im Jahre 1911: „Das Dorf war früher arm; die Bevölkerung sammelte viel Pilze. Durch seine Porzellanfabriken ist Schönwald jetzt ein bedeutender Industrieort."[3]

▶ Schönwald befindet sich unweit des Dreiländerecks Bayern-Sachsen-Tschechien. Der an der Porzellanstraße gelegene Ort wurde 1938 Markt und 1954 Stadt.

Selb (Lkr. Wunsiedel im Fichtelgebirge)

**Spielberik und Heidelham und Stansselb dazu,
die fressen's Brod im Sommer z'samm,
im Winter hab'n se Ruh!**

Als Verbreitungsgebiet gibt Dunger „Fichtelgebirge" an.[1] Eine Variante lautet: *Heidelheim, Spielberg und Steinselb dazu essen das Korn im Winter, den Sommer haben's Ruh.*[2] Diese wird auch als „Scherz-Trutzvers" bezeichnet.[3] Sie findet sich zudem mit folgender Bemerkung in einer Quelle vom Jahre 1833: „Die hohe Gegend um den Berg ist rauh und wenig zum Feldbau geeignet; darum heißt es von drei am höchsten liegenden Dörfern: ‚Heidelheim, Spielberg …"[4] Mit dem Berg war hier der 827m hohe Kornberg gemeint, zu dem es damals ein Wettersprüchlein gab: „Hat der Epprechtstein eine Kappen und der Kornberg eine Hauben, So darf man an Regen glauben."[5] 1978 wurden die Gemeinden Heidelheim-Steinselb und Spielberg Ortsteile der Stadt Selb.

**Bayreuther Gebot,
Selb'er Brot,
Thiersteiner Bier
währet nur ein Wochen vier.**
→ Bayreuth

▶ Die Große Kreisstadt Selb, in der es im 19. Jahrhundert an die 20 Porzellanfabriken gab (heute noch deren 2), befindet sich direkt an der Grenze zu Tschechien.

Spielberg → Selb

Thierstein → Bayreuth

Thurnau (Lkr. Kulmbach)

Ich und mei Fraa
sin von Thüra,
sin die zwaa schönst'n Leut'
drob'n in Trocka.

(= Ich und meine Frau sind von Thurnau, sind die zwei schönsten
Leut' droben in Trockau.) Bronner führt diesen Spruch im Abschnitt
„Oberfränkische Ortsneckereien" an und bemerkt dabei zu Thurnau: „Hübscher, durch s. Porzellanmanufaktur bekannter Marktfle-
cken."[1] Noch heute finden dort mehrmals im Jahr Töpfermärkte
statt. Trockau gehört seit 1962 zur Stadt Pegnitz. Es liegt rund 30 km
südlich von Thurnau. Dieses besteht jetzt aus 16 Ortsteilen. Einer
davon ist Lanzenreuth, über den es im Volksmund heißt:

Wenn die Lanzenreuther kommen,
muß die Welt von weitem brummen,
brummt die Welt von weitem nicht,
sind's die Lanzenreuther nicht.

„Franken – Ortsneckerei … ‚Brummen' möglicherweise einen
‚Bauchwind von sich geben'."[2]

▶ Der Markt Thurnau, der „Marktplatz des Kunsthandwerks", beherbergt mit
dem Schloss Thurnau eine der größten Burganlagen Frankens.

Trockau (Stadt Pegnitz) → Thurnau

Unterköst (Gem. Pommersfelden) → Burgebrach

Vorra (Gem. Frensdorf) → Burgebrach

Waischenfeld (Lkr. Bayreuth)

Zu Nankendorf kann man den Teufel in der Höhle sehen.

Dazu heißt es in den *Naturwunder[n], Orts- und Länder-Merkwür-digkeiten des Königreiches Bayern* vom Jahre 1832: „Die schöne Ort-schaft Nankendorf ... wird von Fremden, der nahen zwei Höhlen und schönen Felsenparthien wegen, häufig besucht. Die Eine der Nankendorfer-Höhlen, die Höhle mit dem Brunnen genannt, liegt ostwärts von Nankendorf ... Da der Wirth, Herr Teufel, jeden gerne in diese Höhle begleitet, so hat sich das Sprichwort gebildet."[1]

Die besagten Felsenpartien haben den Ort im Herzen der Fränki-schen Schweiz inzwischen zu einem beliebten Ziel für Felskletterer gemacht. Nankendorf, wo jedes Jahr auf der Wiesent das „Brüh-trogrennen" stattfindet, ist seit der Gebietsreform 1972 ein Stadtteil von Waischenfeld.

▶ Die Stadt Waischenfeld, ein staatlich anerkannter Luftkurort, liegt in der Fränkischen Schweiz.

Weichenwasserlos → Scheßlitz

Weidenberg (Lkr. Bayreuth)

Was mögen die Weidenberger Gasla?

„Gasla" = Geislein. „Um die Weidenberger zu necken, fragt man sie gerne: ..."[1] Die sprichwörtliche Frage resultiert aus einer Begebenheit, die sich in den siebziger Jahren des 19. Jahrhunderts zugetragen haben soll. Danach hat das Zicklein einer Weidenberger Mehlhändlerin einen Geldschein gefressen, der sich dann im Magen des geschlachteten Tieres wiederfand. Mit einer ähnlichen Frage zog man übrigens die Bewohner von Bardowick in Niedersachsen auf: *Wat makt de Bull in Bardewik?*[2] Der Sage nach hatte nämlich der städtische Stier Herzog Heinrich dem Löwen, dem Gründer Münchens, bei der Belagerung von Bardewick eine Furt „verraten" und so die Einnahme des Ortes ermöglicht.

▶ Der Markt Weidenberg liegt im Tal der Warmen Steinach, einem Zufluss des Roten Mains. Er hat 53 Ortsteile und ist Sitz der gleichnamigen Verwaltungsgemeinschaft, der auch noch die Gemeinden Emtmannsberg, Kirchenpingarten und Seybothenreuth angehören.

Weismain (Lkr. Lichtenfels)

Hätten die wilden Säu die Glock nit g'funna,
So wär' sie nit auf Weisma kumma.

Zu dem alten Reim vermerkt eine Quelle vom Jahre 1865: „In ähnlicher Weise erzählt man, daß die Weismainer während des dreißigjährigen Krieges die große Glocke ihrer Pfarrkirche vergraben hätten. Wildschweine wühlten sie wieder aus, daher das Sprichwort."[1] Für das oberpfälzische Berngau, rund 100 km Luftlinie von Weismain entfernt, gab es übrigens einen ähnlichen Spruch: *Die Glocken von Berngau – Hat ausgewählt eine Sau.*[2]

▶ Die Stadt Weismain ist ein staatlich anerkannter Erholungsort, der u. a. an der Deutschen Spielzeugstraße und der Fränkischen Bierstraße liegt. Im 17. Jahrhundert wurde dort der spätere Abt Mauritius Knauer, der Verfasser des *Hundertjährigen Kalenders*, geboren.

Wunsiedel (Lkr. Wunsiedel im Fichtelgebirge)

Wunsiedler Gebot 3 Tag.

„Das alte Sprichwort."[1] Es besagt, dass Vorschriften in Wunsiedel nur drei Tage lang eingehalten wurden.

▶ Wunsiedel war Hauptort des historischen „Sechsämterlandes", mit den weiteren Ämtern in Hohenberg, Kirchenlamitz, Selb, Thierstein und Weißenstadt. Heute ist der Geburtsort des Schriftstellers Jean Paul die Kreisstadt des Lkr. Wunsiedel im Fichtelgebirge. Bekannt ist Wunsiedel auch durch die Luisenburg-Festspiele, die jedes Jahr vor der Kulisse des größten Felsenlabyrinths Europas veranstaltet werden.

Zaugendorf → Rattelsdorf

Abtswind (VG Wiesentheid, Lkr. Kitzingen)

In Abtswind und Geiselwind
Viel Huren und Hexen sind.

Dazu meinte Wander, Deutschlands bedeutendster Parömiograph: „Zwei Oerter in Franken am Steigerwalde. Das Sprichwort geiselt [sic!] die Möncherei im Wortspiel. Was die Zauberei und Hexerei anbelangt, so ist das Sprichwort von einer frühern Zeit zu verstehen. Der Schriftsteller, dem es entlehnt ist, gibt keinen Grund an, warum jene Oerter des Lasters der Hurerei besonders bezichtigt werden. Gewiss gehört das Sprichwort in die Klasse derer, welche Ungerechtigkeiten gegen einzelne Oerter, Völker oder Personen aussprechen, und dient, wenn es überhaupt Wahrheit enthalten hat, nur zur Charakteristik vergangener Zustände. Pistorius hat es a.a.O. behandelt."[1] Dessen Sprichwortsammlung erschien Anfang des 18. Jahrhunderts, so dass der Reim wohl zur Hochzeit der Hexenverfolgungen im Jahrhundert davor aufkam. In der Tat geht Pistorius aber nicht näher auf konkrete Ursachen für das Sprichwort ein, sondern belässt es bei exkulpierenden Ausführungen allgemeiner Art.[2]

Mit Wanders Ausdruck „Möncherei" war das Mönchswesen gemeint, dem mit dem Vers seiner Meinung nach indirekt libidinöses Verhalten vorgeworfen wird. Demnach wäre die Aussage, zumindest im Hinblick auf *Abt*swind, auch eine Metapher. Was indes die Existenz vermeintlicher Hexen angeht, so wird man hier in der Dorfgeschichte Abtswinds durchaus fündig: „Auf dem Trudenplätzchen zwischen Abtswind und Rüdenhausen fanden i. J. 1617 vier Hexenbrände statt, denen 13 Personen, zwei Männer und elf Frauen, zum Opfer fielen. Im Ganzen waren damals 91 Personen angeklagt!"[3]

▶ Der Weinort Abtswind (mundartlich: Abschwinn) und die Nachbargemeinde Geiselwind sind 8 km voneinander entfernt. Im Markt Abtswind gibt es einen Weinlehrpfad mit Weinlehrgarten.
Der Markt Geiselwind, bekannt auch durch den Erlebnispark „Freizeit-Land Geiselwind", liegt mitten im Naturpark Steigerwald.

Althausen → Münnerstadt

Amorbach (Lkr. Miltenberg)

Wer durch Amorbach geht ohne Geläut,
durch Weilbach ohne beschreit,
durch Miltenberg ohne gezopft,
durch Breitendiel ohne geropft,
durch Eichenbühl ohne geschlagen,
der kann in Neunkirchen von Glück sagen.

„Volksmund. Charakteristik der wegen Grobheit verrufenen Bewohner in den genannten unterfränkischen Orten am Spessart und Odenwald."[1] In Amorbach scheinen also die Kirchenglocken oft geläutet zu haben, während man angeblich früher nicht durch das 4 km entfernte Weilbach (heute eine Marktgemeinde) gehen konnte, ohne „beschrieen", also laut verspottet, zu werden. Und durch die Gem. Eichenbühl soll man nicht gekommen sein, ohne Schläge zu erhalten.

Die Amorbacher hatten einst auch den Spitznamen „Kuhwedler", den Bronner 1911 wie folgt kommentierte: „Das hübsche Städtchen in fruchtbarem Wiesentale, nahe der badischen Grenze gelegen, hatte das Geschick, oft seinen Herrn wechseln zu müssen. Vor etwas über hundert Jahren gehörte es zum Kurfürstentum Mainz, 1802 dann zum Fürstentum Leiningen, 1806 zu Baden, 1810 zu Hessen und 1816 kam es an Bayern. Es war ein reines Hin- und Herpendeln im Besitze von Nachbarstaaten. Der Ausdruck Kuhwedler soll aber auch eine Anspielung auf den mitunter etwas leichten Sinn der lebhaften, übrigens sehr fleißigen Bevölkerung sein."[2]

Mudi is' bluti;
Schlossi is' possi;
Lauteberg is' überzwerg;
in Buch wird mer klug;
vor Beuchen muß man sich neigen.

(= Mudau ist blutig; Schloßau ist possierlich; Laudenberg ist durcheinander; in Buch wird man klug; vor Beuchen muss man sich neigen.) „Ortsneckreim."[3] 1975 wurden Beuchen nach Amorbach und Buch nach Kirchzell eingemeindet. Schloßau ist ein Gemeindeteil von Mudau, Laudenberg von Limbach. Beide Orte befinden sich in Baden-Württemberg.

▶ Der Name „Amorbach" lässt an den Pfeile verschießenden Gott der Liebe denken: „Schon im 11. Jahrhundert wurde der Name volksetymologisch auf lateinisch *amor* bezogen und als ‚Bach der Liebe' gedeutet."[4] Er leitet sich jedoch her vom ursprünglichen „Ammerbach", was wiederum vom „Emmer", dem Sommerdinkel, kommt. Theodor W. Adorno bezeichnete Amorbach übrigens als „das Urbild aller Städtchen".[5] Amorbach war sogar kurzzeitig Residenzstadt und kann daher mit dem „Fürstlich-Leiningenschen Palais" aufwarten.

Aschaffenburg

Du kannsd mich emōl am Aschaffeburje
Bahnhof abhole!

„Euphem. für ‚am Arsch lecken'."[1] Diese verhüllende Variante des Götz-Zitats ist aus Mainz überliefert und dürfte aus der zweiten Hälfte des 19. Jahrhunderts stammen. Der an der wichtigen Schienenverkehrsachse „Ruhrgebiet – Frankfurt am Main – Nürnberg – München –Wien" liegende Bahnhof wurde 1854 in Betrieb genommen und im Zweiten Weltkrieg zerstört. Der Neubau aus den Fünfziger Jahren ist ab 2005 durch einen moderneren ersetzt worden.

A Unterfranken

▶ „Aschebersch" bzw. „Ascheborg", wie man den ehemaligen Residenzort mundartlich nennt, gehörte bis 1803 zum Kurfürstentum Mainz, wurde dann Hauptstadt des Fürstentums Aschaffenburg und von 1810–1813 Hauptstadt des Großherzogtums Frankfurt. 1814 kam es dann, zusammen mit dem Großherzogtum Würzburg, zu Bayern. Heute nennt sich Aschaffenburg auch „Bayerisches Nizza" und „Tor zum Spessart".

Aubstadt → Bad Königshofen

Aura a. d. Saale (Lkr. Bad Kissingen)

**Aure is zu bedaure,
liechd in der Hecke, zum Verrecke.**

(= Aura ist zu bedauern, liegt in der Hecke, zum Verrecken.) „Wegen der vielen Hecken, die es bei ihren Orten gibt, werden eine ganze Reihe von Ortsbewohnern in unseren fränkischen Gemeinden geneckt. So finden wir ... ‚Heckegazer' in Aura ..., von dem es auch heißt: ‚Aure is zu bedaure ...'"[1]

▶ Aura an der Saale ist die kleinste Gemeinde im unterfränkischen Landkreis Bad Kissingen. Es ist Mitglied der Verwaltungsgemeinschaft Euerdorf und nicht zu verwechseln mit der ebenfalls in Unterfranken liegenden Gemeinde Aura im Sinngrund (Lkr. Main-Spessart).

Bad Kissingen

Mellerscht hat's Feld,
Münnerscht hat's Geld,
Flade hat's Holz,
Neusch't hat 'n Stolz,
Kiss'ge hat's Salz,
Kingshufe hat's Schmalz,
Bischume hat 'n Fleiß,
so hast den Rhöner Kreis.

„Alte volkstümliche Charakteristik der Rhönstädte: Mellrichstadt, Münnerstadt, Fladungen, Neustadt, Kissingen, Königshofen, Bischofsheim."[1] Hinsichtlich der Entstehung gehen die Vermutungen gar bis ins 14. Jahrhundert zurück: „Um jene Zeit oder in der nächstfolgenden mag auch der Volksspruch über die Vorzüge der sieben Rhönstädte aufgekommen sein."[2] Mit „Mellerscht" ist hier Mellrichstadt, mit „Münnerscht" → Münnerstadt gemeint. Bei „Kiss'ge hat's Salz" wird natürlich auf den „mineralischen Sauerbrunnen" bzw. die Solevorkommen hingewiesen.

▶ Die Große Kreisstadt ist Deutschlands wohl bekanntester Kurort. Das Staatsbad liegt an der Fränkischen Saale. Alle anderen genannten Orte gehören zum Lkr. Rhön-Grabfeld.

Bad Königshofen i. Grabfeld (Lkr. Rhön-Grabfeld)

In Herbsch sinn se katholisch,
in Aabscht evangelisch,
in Künshufe gemengt
und in Drabscht sin se ganzegar versengt.[1]

In Königshofen („Künshufe") sind sie also „gemengt", d. h. es gibt sowohl Katholiken wie Protestanten. Heute gehören die Ortschaften Aubstadt („evangelisch") und Herbstadt („katholisch") sowie der Markt Trappstadt, wo traditionsgemäß eine mennonitische Pächterfamilie auf dem Gutshof wohnte, einer Verwaltungsgemeinschaft mit Sitz in Bad Königshofen an.

... Kingshufe hat's Schmalz ...

Zu dieser Zeile im Rhöner Städtespruch heißt es bei Bronner, dass sich Königshofen im Grabfeld „wie der ganze Grabfeldgau durch reichen Feldbau und durch Viehzucht auszeichnet."[2]

► Die ehemalige Festungsstadt und heutige Kurstadt liegt an der Fränkischen Saale.

Bad Neustadt a. d. Saale (Lkr. Rhön-Grabfeld)

... Neuscht hat 'n Stolz ...

Im sog. langen Rhön-Reimspruch (→ Bad Kissingen) wird also der Stolz von Neustadt („Neuscht") hervorgehoben. Dazu meinte Bronner um die Wende zum 20. Jahrhundert: „Die Stadt (2500 Einwohner) hat recht hübsche Häuser, einen sehr großen Marktplatz und eine schöne Pfarrkirche. Der Wanderer begreift rasch, warum das alte Rhönlob von dem freundlichen Orte und seinen einst sehr vermöglichen Bürgern sagt: ‚Neuscht hat'n Stolz'."[1]

► Die Kreis- und Kurstadt hat das „Hohentor" als Wahrzeichen. Östlich der Stadt befindet sich die Salzburg (12. Jh.), eine der größten Burganlagen Deutschlands.

Bastheim (Lkr. Rhön-Grabfeld)

**Bräbich is e Gnadenort,
dabei sin lauter Daifelich dort.**

Den Reim gab es auch noch in einer anderen Version: *Bräbbich is e Gnadenort, senn lauter Muttergotteslich dort.*[1] „Muttergotteslich" und „Daifelich" waren nämlich die Necknamen der Bewohner von Braidbach, zu dessen Dorfkapelle früher eine Marienwallfahrt stattfand. Heute ist Braidbach ein Ortsteil von Bastheim.

▶ „Bosde", wie Bastheim von den „Bosdemern" genannt wird, ist die größte Gemeinde im sog. Besengau. In dieser Region wurden in früheren Jahrhunderten aus den Reisern der Saalweide Besen gebunden.

Beuchen → Amorbach

Birkenfeld (Lkr. Main-Spessart)

**Unterm Nußbaum ist gut liegen,
unterm Nußbaum ist gut sein,
schöne Mädchen muß man lieben,
sie müssen nicht gerad' von Birkenfeld sein.**

„Der Intention nach handelt es sich um eine ,abfällige Ortserwähnung' bzw. eine Ortsneckerei."[1] Dabei ist durchaus das fränkische Birkenfeld und nicht die Stadt Birkenfeld in Rheinland-Pfalz gemeint.

▶ Die Gemeinde Birkenfeld ist Mitglied der VG Marktheidenfeld.

Bischofsheim a. d. Rhön (Lkr. Rhön-Grabfeld)

**Bischofsheim liegt of einem Klumpen,
sin gar viele Bürger dinn, sin öber lauter Lumpen.**[1]

(= B. liegt auf einem Klumpen, es sind gar viele Bürger drin, doch sind es lauter Lumpen.) Im Gegensatz zu diesem für Bischofsheim wenig schmeichelhaften „unterfränkischen Ortsneckreim" erfährt die Stadt im „allbekannten ‚Rhönlob der Städte'"[2] (→ Bad Kissingen) die ihr gebührende Würdigung:

... Bischume hat 'n Fleiß ...

Danach wird den Bischofsheimern bescheinigt, fleißige Leute zu sein. Den Grund hierfür liefert Bronner: „Bischofsheim hatte bis Mitte des 19. Jahrhunderts eine bedeutende Wollentuch- und Zeugmanufaktur. Diese beschäftigte zur Zeit ihrer höchsten Blüte 50 Meister. Mit Bezug darauf sagt das alte Rhönlob: ‚Bischume hat'n Fleiß.'"[3] Über das „holde Geschlecht" in dieser Gegend ließ sich dann der Volksmund u. a. so aus:

**Oberweißenbrunn is gar reich an Holz;
bann die Mädlich ins Wirtshaus geh'n,
sin se ach gaär stolz.**

(= O. ist gar reich an Holz; wenn die Mädchen [zur Tanzmusik] ins Wirtshaus gehen, sind sie sehr stolz.) „Stolz bedeutet hier flott, fesch beisammen sein, noble Kleider anhaben."[4] Weniger stolz scheinen dagegen die Mädchen aus Unterweißenbrunn beim selben Anlass gewesen zu sein:

**Unterweißenbrunn liegt an einer Fichte,
bann die Mädlich in's Wirtshaus geh'n,
mache' se all krumme Gesichte.**

„Die Leute dort sollen meistens eine verdrossene Physiognomie haben."[5] Heute sind sowohl Ober- als auch Unterweißenbrunn Stadtteile von Bischofsheim. Das gilt auch für Frankenheim, über dessen Mädchen man früher ebenfalls herzog:

Frankenheim liegt an einem Teich,
guckt mer dort die Weiber o, hoäns alle dicke Bäuch.'[6]

(= F. liegt an einem Teich, guckt man dort die Frauen an, haben sie alle dicke Bäuch.')

▶ Die Stadt liegt am Kreuzberg, der zweithöchsten Erhebung Unterfrankens.

Braidbach → Bastheim

Breitenbrunn → Faulbach

Breitendiel → Miltenberg

Brünn → Münnerstadt

Buch (Markt Kirchzell) → Amorbach

Burkardroth (Lkr. Bad Kissingen)

Wollt ihr wiss',
wo der Weg nach Würzburg geht, hei ze Burkerdroth?
Da geht nur grad' dem Gänsdreck nach,
find't ihr den Weg schon ohne Frag'.

„Hei ze" = hier zu; „Volksmund."[1] Nach Würzburg hätte man noch 70 Kilometer, nach Bad Kissingen nur 14. In Burkardroth war „wie auch in anderen Rhönorten, bedeutende Gänsezucht."[2] Es handelt sich hier um die sprichwörtlich gewordenen Anfangszeilen eines bekannten Rhön-Liedes.[3] Diese sind auch bei Bronner vermerkt: „Ein Scherzsprüchlein heißt: ‚Geh' nur g'rad der Gänsstraß' nach, so find'st den Weg schon ohne Frag' (nämlich nach Würzburg etc.)"[4]

▶ Der Markt Burkardroth liegt im Naturpark Rhön.

Bütthard (Lkr. Würzburg)

**In Böttert
hockt der Teufel uf'm Tisch und löbbert.**

(= In Bütthard hockt der Teufel auf dem Tisch und trinkt.) „Anspielung auf das lustige Leben der Bevölkerung."[1]

▶ Der Markt Bütthard ist Mitglied der Verwaltungsgemeinschaft Giebelstadt.

Castell (Lkr. Kitzingen)

**Heute haben wir einen Feyertag,
aber zu Castell mistet man die Ställ.**

(= Heute haben wir einen Feiertag, aber in Castell mistet man die Ställe.) Das Sprichwort[1] geht auf einen Konflikt zwischen dem Lager des Grafen Castell und dem des Bischofs von Würzburg im Jahre 1266 zurück. Davon wird wie folgt berichtet:
„Als sie nun zu beden theilen, nit fern von Kizingen, drey Meil von Würzburg gelegen, zusammen stießen, theten Sie eine hefftige Schlacht, die wehret fünff Stund, das ist von 1 Uhr Nachmittag biß um 6 Uhr, das Stifft hat den Sieg erlangt, und seindt von Gegentheil 500 Mann umkommen, viel gefangen, und die übrigen in der Flucht darvon kommen ... Es halten noch Jährlich die Geistlichen zu

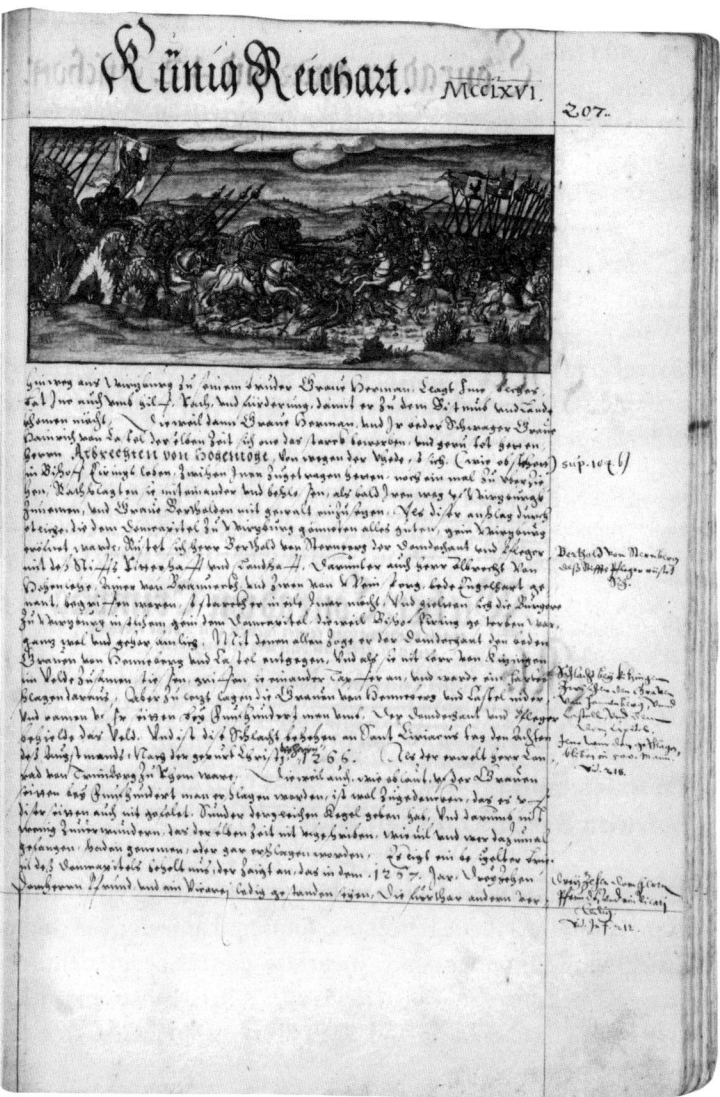

Abb. 22 „ ... aber zu Castell mistet man die Ställ": Die Cyriakusschlacht bei Kitzingen am 8. August 1266. – Echter-Exemplar der Fries-Chronik, 1574 in Auftrag gegeben, fol. 207r. Universitätsbibliothek Würzburg.

Würzburg, uff St. Cyriacus Tag, die Gedächtnus solches Siegs, mit herrlicher Procession, alda Sie ihr Heyligthum um die Stadt tragen, feyern und Frolocken, daß uff denselben Tag Sie dieße Schlacht erobert, und spotten den Graffen zu Castell mit diesen Worten, ‚heut haben wir einen Feyertag, aber zu Castell, mistet man die Ställ.‘“[2] Wie dieser anonyme Bericht aus dem ersten Jahrzehnt des 18. Jahrhunderts nahelegt, scheint der besagte Sieg am St. Cyriacustag (8. August) also jahrhundertelang gefeiert worden zu sein. Das ist auch dem lateinischen Kommentar zu entnehmen, den Pistorius 1715 dem Sprichwort hinzufügte. Dort heißt es, dass dieser Tag für die Würzburger ein Fest- und Feiertag, für die Casteller aber ein schwarzer Tag sei: „Hic dies a nobis celebratur, a Castellensibus vero stabulum expurgatur; h.e. Hic dies Herbipolensibus festus, Castellensibus vero nefastus & ater est.“[3]

▶ Castell, der Stammsitz der Fürstenfamilie Castell, war bis 1806 Hauptstadt der gleichnamigen reichsunmittelbaren Grafschaft. Heute ist die Gemeinde am Rand des Steigerwalds Mitglied der VG Wiesentheid, der auch noch die Märkte Wiesentheid, Rüdenhausen und Abtswind angehören.

Collenberg (Lkr. Miltenberg)

**Di Raistehäusa Narre,
hewwe a Käschle und kei Pare.**

(= Die Reistenhauser Narren, haben ein Kirchlein und keinen Pfarrer.) „Ohne geistliche Betreuung muß im Laufe der Geschichte offensichtlich Reistenhausen … mehrfach gewesen sein, denn von diesem Ort heißt es: ‚Di Raisterhäusa …‘“[1] Reistenhausen schloss sich 1971 mit Fechenbach und Kirschfurt zur neuen Gemeinde Collenberg zusammen.

▶ Die Gemeinde Collenberg liegt am Main im Südspessart. Zwischen ihr und Freudenberg verläuft im Fluss die Landesgrenze von Bayern zu Baden-Württemberg. Als lokale Spezialität gibt es „Himmel und Erde“ (Apfelbrei mit Kartoffelstampfes).

Dettelbach (Lkr. Kitzingen)

Aie bobaie uf Dettelbach zu,
Do danse di Schwōwe mit hölzene Schuh.

(= A. b. auf Dettelbach zu, da tanzen die Schwaben mit hölzernen Schuh.) Der Reim ist aus Hettingen im Bauland überliefert: „Die Bauländer wallfahrten gern nach Dettelbach jenseits der Landesgrenze, im bayrischen Unterfranken."[1] Die Wallfahrer aus dem baden-württembergischen Hettingen, das heute ein Stadtteil von Buchen (Odenwald) ist, hatten dabei eine Strecke von 80 km zurückzulegen. Im hessischen Groß-Umstadt gab es zum Wallfahrtsort Dettelbach sogar eine Redensart:

Die mächd e Gesichd
wie die Muddergoddes von Deddelbach.[2]

(= Die macht ein Gesicht wie die Muttergottes von Dettelbach.) Die Pietà steht in der Wallfahrtskirche Maria im Sand.

▶ Die Stadt Dettelbach liegt am Main. Von der mittelalterlichen Stadtmauer sind noch große Reste erhalten.

Eichenbühl → Amorbach

Erlach → Ochsenfurt

Faulbach (Lkr. Miltenberg)

**Aus dem Bratebrunner Hertehaus,
hange die Lumpe minanner raus.**

Mit dem lokalen „Hertehaus" ist das einstige „Sauhirtenhaus" gemeint. „Die Faulbacher Verszeilen ... sind ... als Ortsneckerei gegen die Breitenbrunner gerichtet."[1] Heute aber sind Breitenbrunner und Faulbacher in einer Gemeinde vereint.

▶ Die Gemeinde Faulbach am Main liegt im Naturpark Bayerischer Spessart.

Fladungen (Lkr. Rhön-Grabfeld)

... Flade hat's Holz ...

Wie aus dem vielzitierten „Rhöner Städtekreis" (→ Bad Kissingen) hervorgeht, zeichnete sich Fladungen durch seinen Waldreichtum aus. Von Armut hingegen zeugt folgender Reim:

**In Hause is nix ze mause,
en Rüdnschwenne is nis ze fenne.**[1]

In Hausen, so dieser alte Vers, gab es also nichts zu mausen (= stibitzen), so arm war der Ort. Rüdenschwinden, wo angeblich nichts (Brauchbares) zu finden ist, gehört heute als Stadtteil zu Fladungen.

▶ Fladungen, die nördlichste Stadt Bayerns, liegt im Tal der Streu. Die Fladunger wurden einst mit dem Uznamen „Maulaffen" belegt, „weil der nördlich den Stadteingang sichernde Turm an sichtbarer Stelle einen steingehauenen Affen zeigt, der sein Maul aufreißt."[2]
„Hausen" ist der häufigste Ortsname in Deutschland. Dieses Hausen ist die 2 km entfernte Nachbargemeinde von Rüdenschwinden.

Frankenheim → Bischofsheim

Frickenhausen a. Main (VG Eibelstadt, Lkr. Würzburg)

Frickenhauser Stützascheißer,
Hintern Türa hocka die Heizer,
Hintern Türa hocka die Flöa
Möcha nämmer weiter gäa.

„Heizer" = Katzen; „Flöa" = Flöhe. „„Stütznscheißer' heißen die von Frickenhausen ... weil man hier früher das Trinkwasser in Holzbutten [Holzfässern] ins Dorf bringen mußte."[1]

▶ Der Markt Frickenhausen am Main, ein historischer Weinort am Fuße des Kapellenbergs, ist Mitglied der VG Eibelstadt.

Geiselwind → Abtswind

Gochsheim (Lkr. Schweinfurt)

Die Aage auffrais wie a Por Goxemer Zwübbel.

„Die Augen aufreißen, daß sie so groß sind wie ein Paar Gochsheimer Zwiebeln."[1] Die Redensart ist aus dem zirka 100 km entfernten Suhl belegt. Sie zeigt, dass die Gochsheimer ihre Zwiebeln auch nach Thüringen exportierten. Eine Spezialität Gochsheims, z. B. beim Erntedankfest, ist denn auch der „Zwiebelplootz." Das ist ein warm servierter Zwiebelspeckkuchen, zu dem „Bremser" (Federweißer) oder Most (einjähriger Wein) getrunken wird.

▶ Gochsheim war, wie der Nachbarort Sennfeld, einst ein freies Reichsdorf, das erst mit dem Reichsdeputationshauptschluss im Jahre 1803 mediatisiert wurde. Reichsdörfer besaßen gewisse Rechte, wie etwa die freie Wahl ihrer Schultheiße und Richter.

Großheubach (Lkr. Miltenberg)

**Groußen-Haibach, am heiligen Ort,
wu alles gestoule wird.
Nuff bet'se, rab zu stel'se!**

„Einen wenig guten Ruf hat offensichtlich Großheubach ... als Wallfahrtsort. Wenn die Miltenberger Wallfahrer durch den Ort zum Engelberg zogen, riefen sie den herumstehenden Großenheubachern gerne zu: ..."[1] Die letzte Zeile dieses volkstümlichen Spruches lautet auf Hochdeutsch: Hinauf zu beten sie, herab zu stehlen sie. Um zum Franziskanerkloster Engelberg zu gelangen, müssen Pilger 612 Sandsteinstufen, Engelsstaffeln genannt, hinaufsteigen. Der Legende nach haben Engel den benötigten Sandstein dorthin geflogen.

▶ Der Markt Großheubach liegt im Maintal.

Großostheim (Lkr. Aschaffenburg)

**Du kannst Wetter ebenso wenig machen
als die Hexe von Großostheim
auf Mariä Heimsuchung Gewitter machen kann,
um Kappes und Ranunkeln besser pflanzen zu können.[1]**

Dass das Wettermachen eine der übersinnlichen Fähigkeiten von angeblichen Hexen sei, war ein weit verbreiteter Aberglaube. In Großostheim und Umgebung hatte der Hexenwahn ebenfalls um

Abb. 23 „Nuff bet'se, rab zu stel'se!": Kloster Engelberg, über 612 Sandsteinstufen zu erklimmen. – Historische Postkarte.

sich gegriffen. So sind für die Jahre 1602/1603, als der Ort zum Kurfürstentum Mainz gehörte, Hexenprozesse überliefert, die zur Hinrichtung von elf Frauen führten. Der Hexenturm, in dem die Angeklagten damals eingekerkert waren, steht noch heute. Das Fest Mariä Heimsuchung wird am 2. Juli begangen. Um diese Zeit wären Gewitter zur Pflanzung von Kohl und Ranunkeln (Zierpflanze, auch „Hahnenfuß" genannt) also willkommen.

▶ Die Bewohner von Großostheim, das vor dem 18. Jahrhundert nur „Ostheim" hieß, bezeichnen sich noch heute nur als „Äisdemer". Der Markt Großostheim liegt in der Region Bayerischer Untermain.

Hammelburg (Lkr. Bad Kissingen)

Hundsfeld, Hundsfeld,
schöne Mädchen, wenig Geld,
dürre Gäul, wenig Feld,
drum heißt das Nest Hundsfeld.[1]

Eine Variante war: *Schöne Gäul, mager Feld, schöne Mädchen, wenig Geld findest du in Hundsfeld.*[2] Heute ist von alledem überhaupt nichts mehr zu finden. Das „Nest Hundsfeld" ist nun eine Wüstung und völlig von der Landkarte verschwunden. Das Dorf wurde nämlich 1937/38 dem Truppenübungsplatz Hammelburg einverleibt, nachdem die Bewohner abgesiedelt worden waren.

▶ Die Stadt Hammelburg, dessen Wahrzeichen u. a. das auf einem Bergsporn gelegene Schloss Saaleck ist, gehörte jahrhundertelang zur Fürstabtei Fulda.

Hausen → Fladungen

Helmstadt (Lkr. Würzburg)

**Wer geht durch Helmstadt ung'spott',
durch Hausen ungeglotzt,
durch Neubrunn ung'schlag'n,
der kann von Glück sag'n.**[1]

Ohne verspottet zu werden gelangte man also früher nicht durch Helmstadt. Durch Holzkirchhausen (heute ein Gemeindeteil von Helmstadt) kam man nicht, ohne angeglotzt bzw. kritisch gemustert zu werden und im 8 km entfernten Neubrunn (heute eine Marktgemeinde) musste sich früher ein Fremder auf Schläge gefasst machen. Allerdings ist das nicht alles unbedingt wortwörtlich zu nehmen, handelt es sich doch hier um eine beliebte Wanderstrophe, bei der oft nur die Ortsnamen willkürlich ausgetauscht wurden. Zu Helmstadt gibt es auch noch eine Redensart:

Es geht aus wie der Helmstadter Schwefel.

„Eine Anspielung auf die weitschweifige Gesprächsweise der Bevölkerung von Helmstadt, Bez. Marktheidenfeld. Wortverbrauch und Inhalt stehen nicht immer im richtigen Verhältnis."[2]

▶ Die Marktgemeinde Helmstadt ist Sitz einer gleichnamigen Verwaltungsgemeinschaft.

Herbstadt → Bad Königshofen

Höchberg (Lkr. Würzburg)

Er heiert die Höchberger Straß!

„Diese in der Würzburger Gegend – Bez. Marktheidenfeld – viel gebräuchliche Redensart wendet man auf einen alten Junggesellen an, von dem das nicht recht glaubwürdig erscheinende Gerücht geht, daß er nun bald heirate."[1] Vorbild war hier wohl die lange „Höchberger Straße" in Würzburg, von der aus es rund 3 km ins Zentrum von Höchberg sind.

▶ Der Markt Höchberg, in dessen Ortsteil Hexenbruch 1749 die letzte „Hexenverbrennung" Frankens stattfand, liegt an der berühmten Romantischen Straße, die von Würzburg über Rothenburg ob der Tauber und Augsburg nach Füssen führt.

Hösbach (Lkr. Aschaffenburg)

Du guckst wie die Muttergottes von Schmerlenbach.

„Viele kennen das Sprichwort … Es bezieht sich auf den leidenden Gesichtsausdruck des gotischen Gnadenbildes in der Wallfahrts-

Abb. 24 „Gucken wie die Muttergottes von Schmerlenbach": Der leidende Gesichtsausdruck der gotischen Pieta wurde sprichwörtlich. – Gnadenbild aus Lin-
denholz, Ende des 14. Jahrhunderts, in der Wallfahrtskirche Schmerlenbach.

kirche in Schmerlenbach."[1] Das *Pfälzische Wörterbuch* beschreibt den Gesichtsausdruck bei der Variante *Sie macht e Gesicht wie die Madonna vun Schme'lebach* etwas differenzierter: „Von einer dümmlichen, einfältigen, auch leicht scheinheiligen Frau."[2] Diese Metapher benutzte man früher im fernen Kaiserslautern, während die Bezeichnung „Moddergoddesbild vun Schme'lebach" im Raum Ludwigshafen (das wie Kaiserslautern einst zu Bayern gehörte) für „eine scheinheilig fromme Frau" verwendet wurde.[3] Die besagte Schmerlenbacher Wallfahrtskirche befindet sich im Ortsteil Winzenhohl des Marktes Hösbach.

▶ Das im Vorspessart gelegene Hösbach wurde 1989 zum Markt erhoben und kann auf eine über 800-jährige Geschichte zurückblicken.

Holzkirchhausen („Hausen") → Helmstadt

Hundsfeld → Hammelburg

Iffigheim → Seinsheim

Iphofen (Lkr. Kitzingen)

I bin von Iphouf,
wua kee Buck'l is, is a Kroupf.[1]

(= Ich bin von Iphofen, wo kein Buckel ist, ist ein Kropf.) In einer längeren Fassung dieses Reims werden nicht nur die Iphöfer entsprechend verunglimpft. (→ Seinsheim)

▶ Die Weinstadt Iphofen liegt im Steigerwald am Fuße des Schwanbergs.

Kirchheim → Kist

Kist (Lkr. Würzburg)

**Dse Kist hok dr daüfl ufm dīš un frist,
dse Khīri heldr fīri.**

(= Zu Kist hockt der Teufel auf dem Tisch und frisst, zu Kirchheim
hält er viere, d. h. 4-Uhr-Mahlzeit.) Der Doppelreim war in Pop-
penhausen bei Tauberbischofsheim verbreitet.[1] Die Gemeinden
Kist und Kirchheim liegen rund 10 km voneinander entfernt.

▶ Kist hat einen 30 m hohen Wasserturm als Wahrzeichen und ist Sitz der
gleichnamigen Verwaltungsgemeinschaft, der auch noch die Gemeinde Al-
tertheim angehört.

Kitzingen (Lkr. Kitzingen)

**Der Wind geht hoch übern Falterthurm
Die Kitzinger Mädel sind lauter Hur'n.**

Dazu schrieb Lammert im Jahre 1869, nachdem er sich über das
alte Sprichwort *In Abtswind und Geiselwind Viel Huren und Hexen
sind* ausgelassen hatte: „In ähnlicher Weise spielen auf frühere sitt-
liche Verhältnisse an die Reime eines alten Kitzinger Volksspru-
ches: ‚Der Wind geht hoch …' Auch Bambergerinnen und Schwä-
binnen standen in gleichem Geruche. Bereits im 14. Jahrhundert
sah es in vielen deutschen Städten mit der vielbelobten bürgerlichen Sparsamkeit, Ehrbarkeit und Zucht sehr übel aus. Gewerbs-
mässige Prostitution ward überall als nothwendiges Uebel ‚zur bes-
seren Bewahrung der Ehe und Ehre der Jungfrauen' erkannt, sogar
von Obrigkeitswegen dazu aufgemuntert, während in früherer Zeit
überführte Kupplerinnen als ‚Verschänderinnen' anderer Frauen
lebendig begraben wurden."[1]
Der 52 m hohe Falterturm mit seiner schiefen Haube wurde zwischen 1469 und 1496 errichtet und ist noch heute ein Wahrzeichen

Abb. 25 „Der Wind geht hoch übern Falterthurm …“: Das Wahrzeichen Kitzingens, der 52 m hohe, schiefe Falterturm.

Kissingens. Ein anderes Wahrzeichen fand ebenfalls Erwähnung in einem Sprichwort:

**Wer zu Kitzingen gewesen,
der darf aus der Kanne trinken.**

Im 1843 veröffentlichten *Handbuch für Reisende auf dem Maine* heißt es dazu: „Das Rathhaus ist vom Jahre 1563. An einer Ecke desselben steht eine steinerne Statue, die einen Mann vorstellt, der aus einer Kanne trinkt. Das ist denn das Wahrzeichen der Stadt, aus dem sich das Sprüchwort ableitet: ‚Wer zu Kitzingen gewesen…‘.“[2] Inzwischen hat Kitzingen, dessen Innenstadt im II. Weltkrieg durch amerikanische Bombenabwürfe weitgehend zerstört wurde, eine andere Statue beim Rathaus stehen: die des Hl. Kilian auf dem Kiliansbrunnen. Und daneben dient jetzt als zweites bzw. drittes Wahrzeichen die „Alte Mainbrücke". Die steinerne Brücke findet sich auch im Stadtwappen.

▶ Die Große Kreisstadt Kitzingen liegt am Main. Die historische Weinhandelsstadt, in der im 15. Jahrhundert das 1. Fränkische Weingesetz (gegen die Weinpanscherei) beschlossen wurde, ist heute Sitz der Landkreisverwaltung.

Klingenberg a. Main (Lkr. Miltenberg)

**Zu Klingenberg am Main,
zu Würzburg auf dem Stein,
zu Sommerach auf dem Sand
wachsen die besten Wein' im ganzen Land.**[1]

Der Klingenberger Rotwein war schon 1646 ein Exportschlager. So ist bei Merian über Klingenberg zu lesen: „Ein gar kleines Städtlein/ so deß herrlichen Weinwachs halber berühmt: Welcher köstliche Wein weit verführet wird.“[2] Der Vierzeiler und seine Varianten gehen wohl auf ein Trinklied aus dem 17. Jahrhundert zurück, das erstmals 1623 nachweisbar ist: „Zu Klingenberg am Maine, zu Würzburg an dem Steine, zu Bacharach am Rhein … soll'n sein die besten Wein."[3] Im besagten *Handbuch für Reisende auf dem Maine* vom Jahre 1843 findet sich dazu folgende Passsage: „Weiter gelangen wir zu dem durch seinen Wein berühmten Städtchen Klingenberg … Wer kennt nicht den alten Reim: *Bei Bacharach am Rhein, Bei Klingenberg am Main, Bei Würzburg an dem Stein, Da wächst der beste Wein.*"[4] Ihr vorzüglicher Wein schien die Klingenberger aber nicht wohlhabend gemacht zu haben. Im Gegenteil:

Ein Klingenberger Spatz
kann nicht über den Main fliegen.

„Volksmund. Nicht, weil der Main bei Klingenberg zu breit ist, sondern weil der Vogel schon beim Antritt seiner Reise halb verhungert ist. – Weist auf die Armut im Spessart."[5] Bronner schreibt in diesem Zusammenhang: „Reiche Einnahmen fließen den Ortsbürgern auch aus ihrem Tonwerke, ‚das die feuerfeste Tonerde Europas liefert‘. Und gleichwohl höhnt man die Klingenberger mit dem Zurufe, es gebe dort nicht einmal Spatzen, beziehungsweise bei ihnen könne sich nicht einmal ein Spatz ernähren. (Wenn er sein ausreichendes Futter finden wolle, müsse er über'n Main). Das ist so zu verstehen: die Fläche, welche das Städtchen zum Feldbau verwendet, ist nämlich verhältnismäßig sehr gering. Für gefräßige Spatzen aber bedeutet Feld – die Welt."[6]
Dass man in Klingenberg einst am Hungertuch nagte, geht zudem aus der alten Redensart *Klingenberger Durst haben* hervor, zu der Plaut anmerkte: „D. h. großer Hunger."[7] Den großen Wohlstand brachte den Klingenbergern das Tonbergwerk dann erst Ende des 19. und Anfang des 20. Jahrhunderts. Der Weinbau aber ist noch heute mit 3 Weinlagen kennzeichnend für den Ort. Jedes Jahr im August gibt es z. B. das Klingenberger Winzerfest.

▶ Die Stadt Klingenberg liegt nicht nur am Main, sondern auch am Fränkischen Rotwein Wanderweg, der von Großwallstadt nach Bürgstadt führt. Das Klingenberger Wappen zeigt neben drei grünen Weinbergen das Mainzer Rad, da Klingenberg 300 Jahre lang zum Fürstbistum Mainz gehörte.

Lichtenburg → Ostheim

Lindelbach → Randersacker

Lohr a. Main (Lkr. Main-Spessart)

**Bis Lohr geht der Nebel,
dann fängt der Nabel an.**

„Das Wort weist auf die Verschiedenheit des Dialektes (e-a) in dem kurmainzischen und würzburgischen Spessart."[1] Ähnliches ist in manch einem Ort, der an einer Dialektgrenze liegt, zu vernehmen. So heißt es etwa im Alb-Donau-Kreis in Baden-Württemberg zur angeblichen „Schneegrenze": „Wo hört dr Schnai auf'? ... ‚Z' Beerestadt!' lautet die Antwort, weil Bernstadt noch Schnai hat, der nächste Ort östlich davon Schnää."[2] Apropos Schnee: Es gibt einige historische Bezüge, die vermuten lassen, dass das Schloss Lohr a. Main, heute Sitz des Spessartmuseums, die Geburtsstätte Schneewittchens gewesen sein könnte. Dort kann man auch den „Sprechenden Spiegel" (Spieglein, Spieglein an der Wand, wer ist die Schönste im ganzen Land?) besichtigen.

▶ Die Stadt Lohr a. Main gilt als das „Spessarttor".

Maßbach → Münnerstadt

Mellrichstadt → Bad Kissingen

Miltenberg (Lkr. Miltenberg)

Wer durch Amorbach geht ohne Geläut,
durch Weilbach ohne beschreit,
durch Miltenberg ohne gezopft,
durch Breitendiel ohne geropft,
durch Eichenbühl ohne geschlagen,
der kann in Neunkirchen von Glück sagen.

Breitendiel, wo man angeblich einst gerupft, d. h. beraubt/ausgeplündert, worden ist, wurde 1971 nach Miltenberg eingemeindet. Dort soll man früher „gezupft", also tätlich angegriffen, worden sein. Die ganze Strecke von → Amorbach zur Gem. Neunkirchen ist 27 km lang. Allerdings entspricht die Reihenfolge der Orte im Spruch nicht ganz der Wirklichkeit. So gelangt man auf der angegebenen Marschroute von Weilbach aus zuerst nach Breitendiel und dann erst nach Miltenberg und nicht umgekehrt. D. h. in Wirklichkeit wurde man erst geropft und danach erst gezopft. Da verhielt sich der Miltenberger Bäcker schon weniger aggressiv, wenngleich auch nicht ganz schicklich:

Der Miltenberger Beck /
Der reckt sein Orsch zun Fenster naus /
und secht, es wär a Weck.[1]

(= Der Miltenberger Bäcker reckt seinen Arsch zum Fenster hinaus, und sagt, es wäre ein [Brot-]Wecken.).
s. auch → Leutershausen/Mfr.

▶ Miltenberg gehörte einst zu Kurmainz, einem der drei geistlichen Kurfürstentümer im Heiligen Römischen Reich Deutscher Nation. Heute ist es Kreisstadt des gleichnamigen Landkreises. Miltenberg veranstaltet jedes Jahr im August mit der „Michaelismesse" das größte Volksfest am Bayerischen Untermain.

Münnerstadt (Lkr. Bad Kissingen)

Mürscht hat's Geld.

Zu der sprichwörtlichen Aussage über den Reichtum der Bürger von Münnerstadt, wo es einst 24 Handwerkerzünfte gab, bemerkt Bronner: „Die Altbürgerhäuser, die stattliche Pfarrkirche, die Klostergebäulichkeiten etc. berichten von behaglichem Wohlstand des Städtchens in vergangener Zeit."[1] Die mittelalterliche Altstadt brachte Münnerstadt zudem den Beinamen „Rothenburg der Rhön" ein. → Bad Kissingen

Seit 1972 ist auch das 3 km östlich der Altstadt gelegene Althausen ein Stadtteil von Münnerstadt. In einem alten „Ortsneckreim" heißt es über „Althause":

Althause liegt entzwe.
Wenn e Huäh gazt, houlä die Müärscht'r äs E.[2]

(= Althausen liegt entzwei. Wenn ein Hund bellt, holen die Münnerstädter das Ei.) In Althausen herrscht(e) angeblich auch immer viel Wind:

Wer durch Althausen fährt und spürt kein' Wind,
wer durch Poppenlauer fährt und sieht kein Kind,
wer durch Maßbach fährt und hat kein' Spott,
der hat ä Gnad von unserm Gott.

„Aus d. Sammlung d. Vereins für Volkskunde in Würzburg."[3] Poppenlauer gehört heute zum Markt Maßbach. Bemerkenswert ist bei diesem Vierzeiler, der als Wanderstrophe mit jeweils anderen Ortsnamen durch fast den gesamten deutschsprachigen Raum zog, dass hier nicht wie sonst von „gehen" oder „kommen", sondern von „fahren" die Rede ist. Angesichts der Quelle, der er entnommen wurde, dürfte damit allerdings noch keine motorisierte Fahrt gemeint sein. Sie stammt aus dem Jahre 1911. In derselben Quelle findet sich folgender Doppelreim:

In Poppenlauer wird en äs Leba sauer;
in Brünn is die Suppä dünn.[4]

(= In P. wird einem das Leben sauer; in B. ist die Suppe dünn.) Die „dünne Suppe" steht hier symbolisch für einstige Armut. Heute ist Brünn ein Ortsteil von Münnerstadt.

▶ Münnerstadt erhielt bereits 1335 das Stadtrecht. In der Stadtpfarrkirche befinden sich u. a. der sog. Magdalenenaltar von Tilmann Riemenschneider und Tafelbilder von Veit Stoß.

Neubrunn → Helmstadt

Neunkirchen → Miltenberg

Nordheim v. d. Rhön → Ostheim

Oberelsbach (Lkr. Rhön-Grabfeld)

In Weisbach am Stein,
in Würzburg am Main,
da wächst der beste Wein.

„Dass dereinst auch Weinbau in der Rhön betrieben wurde, mag befremdlich erscheinen … In Weisbach gibt es heute noch ein Feldstück, das den Namen Weinberg trägt. Ein alter Spruch, wohl längst in Vergessenheit geraten, gibt Auskunft über die Qualität des Weisbacher Weins: ‚In Weisbach am Stein…'."[1] Weisbach ist heute eine Gemarkung von „Öwerälsbich", wie Oberelsbach in der Mundart vor Ort genannt wird.
s. auch → Würzburg

▶ Der Markt Oberelsbach ist ein staatlich anerkannter Erholungsort.

Oberweißenbrunn → Bischofsheim

Ochsenfurt (Lkr. Würzburg)

**Zu Ochsenfurt
steht der Rathausturm auf der Spitze.**

„Volksmund … Das Türmchen ruht erkerähnlich auf einer Trag-
platte, die in einen nach untengekehrten Knauf ausläuft."[1] Gemeint
ist damit das Neue Rathaus mit einer Monduhr am Lanzentürm-
chen. Das sog. Alte Rathaus dient heute als Stadtbibliothek.

**…Erli it nit wait davou,
un sicht des Elend a mit ou.**

(= Erlach ist nicht weit davon und sieht das Elend auch mit an.)
→ Randersacker

▶ Der Name „Ochsenfurt" leitet sich von der Untiefe eines Gewässers her, also
einer Furt, an der man den Fluss etc. mit Zugtieren wie z. B. Ochsen überqueren
konnte. Im unterfränkischen Ochsenfurt war das der Main, bei der englischen
Universitätsstadt *Oxford* die Themse.

Ostheim v. d. Rhön (Lkr. Rhön-Grabfeld)

**Zu Würzburg an dem Stein,
Zu Klingenberg am Main
Und zu Ostheim im Weingartental,
Da wächst der beste Wein überall.[1]**

Die Hochzeit des Weinbaus im Weingartental in Ostheim war im
15. und 16. Jahrhundert, im Dreißigjährigen Krieg wurden die

Abb. 26 „Zu Ochsenfurt steht der Rathausturm auf der Spitze": Marktfront des Ochsenfurter Rathauses mit dem markanten Türmchen. – Fotografie, um 1906.

Weinberge weitgehend verwüstet und im 19. Jahrhundert kam dann der Weinanbau in der Gegend gänzlich zum Erliegen.[2]

s. auch → Klingenberg a. Main u. Würzburg

In Nuurde sin de Ehr laank,
in Söinde sin de Säu kraank,
in Örspringe is dr Wäiwer Zaank,
di Lichteburg is hoch gemesse,
Ueste hat in Dreck gesesse.[3]

(= In Nordheim sind die Ähren lang, in Sondheim sind die Säue krank, in Urspringen herrscht der Weiber Zank, die Lichtenburg ist hoch gemessen, Ostheim hat im Dreck gesessen.) Die aus dem 12. Jahrhundert stammende Lichtenburg (mit bewirtschaftetem Rittersaal) ist eine Burgruine im gleichnamigen Ortsteil von Ostheim. Zu Ostheim gehört auch Urspringen. Dagegen sind Nordheim v. d. Rhön und Sondheim v. d. Rhön Nachbargemeinden von Ostheim.

▶ Die Stadt Ostheim v. d. Rhön ist ein staatlich anerkannter Luftkurort und Sitz der gleichnamigen Verwaltungsgemeinschaft, der auch noch Sondheim v. d. Rhön und Willmars angehören. Ostheim beherbergt die größte deutsche Kirchenburg (15. Jh.) und hat die kleinste Lokalzeitung Deutschlands. Als lokale Spezialität gibt es den „Ostheimer Leberkäs".

Poppenlauer (Markt Maßbach) → Münnerstadt

Randersacker (Lkr. Würzburg)

In Lindelbach,
da hockt der Deifl auf'n Doch,
Erli it nit wait davou,
un sicht des Elend a mit ou.

(= In Lindelbach, da hockt der Teufel auf dem Dach, Erlach ist nicht weit davon und sieht das Elend auch mit an.) „Wem der Hunger auf dem Dach hockte … oder der Teufel, wie das von vielen Orten im Reim angesprochen wird … dem rückten auch noch die Nachbarn mit ihrem oft beißenden Spott auf die Pelle."[1] Erlach ist heute ein Ortsteil von → Ochsenfurt, während das in 5 km Luftlinie entfernte Lindelbach zu Randersacker gehört. In einem Steinbruch in Lindelbach ist die „Lindelbacher Urmeersohle" als Naturdenkmal zu sehen.

▶ Der Markt Randersacker, „hineingebaut in Stein und Wein", ist bekannt wegen seines Quaderkalks und seiner vielen Weingüter.

Retzbach → Zellingen

Reistenhausen → Collenberg

Reußendorf u. Rothenrain → Wildflecken

Rüdenschwinden → Fladungen

Rütschenhausen → Wasserlosen

Salz (VG Bad Neustadt a. d. Saale, Lkr. Rhön-Grabfeld)

**Dr Selzer Kirchturm hat fünf Knöpf,
drum höm di Selzer alle Kröpf.[1]**

(= Der Salzer Kirchturm hat fünf „Knöpf", darum haben die Salzer alle Kröpf.) Mit „Knopf" war die hohle Kugel auf einer Kirchturmspitze gemeint, die den Leuten von unten wie ein Knopf erschien. Der Kirchturm der Kirche Mariä Himmelfahrt hat fünf davon und erinnert damit an den sprichwörtlich bekannten Stadtturm der niederbayerischen Gäubodenstadt Straubing. Als Ursache für

Kröpfe kommen Kirchturmkugeln allerdings kaum in Frage. Die neckische Begründung ist hier offenbar dem Reim geschuldet. Ansonsten machte früher das Volk für Strumen meist bestimmte Wasserquellen verantwortlich. So heißt es etwa bei Bronner über die Bewohner des oberbayerischen Inntals: „Das Innwasser gilt im Volksmund als kropferzeugend, wie alles kalkhaltige Wasser. Man sieht im Inntal bei dem an und für sich sehr hübschen Menschenschlag ziemlich oft dicke Hälse."[2] „Satthals" ist früher denn auch ein Synonym für die Struma gewesen.

▶ Salz war einst fränkisches Königsgut. Die Anfänge der katholischen Pfarrkirche Mariä Himmelfahrt, eine dreischiffige Pfeilerbasilika, gehen auf das Jahr 974 zurück.

Schmerlenbach → Hösbach

Schweinfurt

In Schweinfurt geboren, in Dreckheim begraben.[1]

Die Ortsnamen dienen hier offensichtlich nur als Metaphern, wobei letzterer ohnehin fiktiv ist.

Die von Schweinfurt werden die Eicheln mit der Haut bezahlen.[2]

„Mit der Haut bezahlen" war einst eine Redewendung, die für den Verlust des Lebens stand. Sie konnte sich aber auch auf eine Leibesstrafe geringeren Ausmaßes beziehen, wie das früher gängige Sprichwort „Wer nichts im Beutel hat, muss mit der Haut bezahlen" nahelegt. Es besagte, dass Reiche und Adlige sich von Vergehen freikaufen konnten. Warum nun den Schweinfurtern, angeblich in sprichwörtlicher Weise, derart gedroht wurde, lässt Wander im Unklaren. Er gibt lediglich die Quelle an: Johann Fischarts *Geschichtsklitterung* vom Jahre 1575. Offenbar liegt hier eine Metapher mit der Verbindung von „Schwein" und „Eicheln" vor.

Do gett die Strouß uff Schweinfurt.

(= Da geht die Straße auf S.) „Wenn jemand beim Entnehmen der Mahlzeit aus der Schüssel den Tisch volltropft."[3] Die Thüringer Redensart stammt offensichtlich noch aus der Zeit, als man gemeinsam aus einer Schüssel aß. „Schweinfurt" musste hier also wieder als bildhafter Vergleich herhalten.

▶ Schweinfurt liegt am Maindreieck (mit Ochsenfurt und Gemünden als den beiden anderen Bezugspunkten). Die einstige Reichsstadt erlangte im 19. und 20. Jahrhundert als Industriestandort große Bedeutung und erhielt z. B. den Beinamen „Kugellagerstadt". Noch heute hat Schweinfurt bei der Wälzlagerfertigung eine führende Rolle in Europa. Die kreisfreie Stadt ist die drittgrößte Unterfrankens.

Seinsheim (VG Marktbreit, Lkr. Kitzingen)

Iffinga, Bullna, Iphouf,
haste nit an Buckl, haste doch an Kroupf.

(= Iffigheim, Bullenheim, Iphofen, haste keinen Buckel, so hast du doch einen Kropf.) Als Uznamen „überaus zahlreich sind die ‚Kröpf' oder ‚Kröpfer' im Lande, wobei vor allem das Aischtal genannt wird."[1] Iffigheim ist jetzt ein Ortsteil von Seinsheim. s. auch → Iphofen/Ippesheim (Mfr.)

▶ Der Markt Seinsheim liegt am Rande des Steigerwalds.

185

Sommerach (Lkr. Kitzingen)

Zu Klingenberg am Main,
zu Würzburg auf dem Stein,
zu Sommerach auf dem Sand
wachsen die besten Wein' im ganzen Land.[1]

Es handelt sich hier um eine alte Priamel,[2] die in vielerlei Variationen mit unterschiedlichen Orten vorkam. So hieß es z. B. statt „Sommerach" oft „Bacharach": *Zu Hochheim am Main, Zu Würzburg am Stein, Zu Bacharach am Rhein, Da wachsen die drei besten Wein.*[3] Was nun die Sommeracher Weine betrifft, so ist die Toplage „Sommeracher Katzenkopf" wohl die bekannteste. „Auf dem Sand" im Vierzeiler weist auf die Sandlage von Sommerach. Der Ort hieß denn früher auch „Sommerach am Sand". In einem *Universal-Lexicon* vom Jahre 1743 findet sich z. B. der Eintrag: „Sommerach am Sand, ein grosser Flecken in Francken, wo der beste Wein im Lande wächst."[4]

s. auch → Würzburg/Klingenberg

▶ Die Winzergemeinde Sommerach liegt auf der Weininsel. Sie ist Mitglied der Verwaltungsgemeinschaft Volkach, der auch noch Nordheim a. Main angehört.

Wasserlosen (Lkr. Schweinfurt)

**Guckt der Göker nach Rütschhause zu,
nachher rengts.**[1]

(= Schaut der Wetterhahn nach Rütschenhausen, dann regnet es.) Die sprichwörtliche Erkenntnis ist aus dem Euerbacher Ortsteil Obbach überliefert, der einige Kilometer nordöstlich von Rütschenhausen liegt. Dieses wiederum ist eine Gemarkung, die heute zu Wasserlosen gehört.

▶ Im Gemeindegebiet von Wasserlosen befindet sich der Birnbaum am Lerchenberg. Mit einem Stammumfang von fünf Metern zählt dieses Naturdenkmal zu den stärksten Birnbäumen Deutschlands.

Weilbach → Amorbach

Weisbach → Oberelsbach

Wildflecken (Lkr. Bad Kissingen)

**Wildflecken liegt in einem Loch.
Bann die Weiber früh aufsteh'n,
wisse' se net, bas se solle' koch'.**

(= W. liegt in einem Loch, d. h. Tal. Wann die Weiber früh aufstehen, wissen sie nicht, was sie kochen sollen.) Weitere „Ortsneckreime" gab es zu den heutigen Wüstungen Reußendorf und Rothenrain: *Reußendorf liegt of einer Höh', beiße' se die Wanze' net, so beiße' sie die Flöh* bzw. *Rothenrain steht der Gücker of einem Bein, steht er of dem Ofe'loch, hilft der Fra die Soppe koch'.*[1] Mit „Gücker" war hier der Gockel gemeint.

Die Bewohner der Orte Reußendorf und Rothenrain mussten 1938 dem heute noch bestehenden „Truppenübungsplatz Wildflecken" weichen und wurden umgesiedelt.

▶ Der Markt Wildflecken, am Naturschutzgebiet Schwarze Berge gelegen, grenzt an Hessen.

Würzburg

**Zu Würzburg an dem Stein,
Zu Klingenberg am Main
Und zu Ostheim im Weingartental,
Da wächst der beste Wein überall.[1]**

1656 schreibt Martin Zeiller über Würzburg u. a.: „Man hält insgemein dreyerley Weinwachs am Rhein/ und dem Mayn (über welchen allhie ein steinerne Bruck gehet) für die beste/ nemblich Bacharach am Rhein/Klingenberg am Mayn/und Würtzburg am Stein: welches ein sonderbarer Ort ist / allda der beste Wein umb Würtzburg wachsen thut: wiewol es in den Büchlen nahend Wormbs/ Item umb Mayntz und andern Orten am Rheinstrom/ und an der Tauber/ im Franckenland / auch herrliche Wein gibt."[2] Auf der besagten alten Mainbrücke standen übrigens einst Heiligenstatuen: „Die 12 berühmten Steinheiligen bildeten ehemals ein Wahrzeichen Würzburgs. Handwerksburschen, die aus der Stadt kamen, mußten auf die Frage: ‚Was machen die Heiligen auf der Brück zu Würzburg?' die Antwort wissen: ‚Ein Dutzend!'"[3] Konnte also einer z. B. in Karlstadt die Frage nicht beantworten, „so haben sie denselben nach Würzburg zurückgeschickt, ‚daß er die Stadt Würzburg kenna lern kennt'."[4] Der Wein der Lage Würzburger Stein zählt nun seit dem 13. Jahrhundert zu den besten Frankenweinen und war einst die einzige im Bocksbeutel verschickte Sorte. Die Namensgebung erklärte der Freiherr Leopold von Zedlitz-Neukirch 1835 in seinem *Wegweiser durch das Königreich Bayern* wie folgt: „Der edle Steinwein wächst in der Markung von Würzburg am Steinberge (nordwestlich von der Stadt), daher sein Name."[5] Eine Quelle vom Jahre 1846 nimmt dann ebenfalls Bezug auf den Würzburger Steinwein: „Früher mehr als jetzt hatte der Wein von Würzburg einen allgemeinen Ruf. Ein altes Sprichwort sagt: *Bacharach am Rhein, Klingenberg am Main, Würzburg am Stein Sind die besten Wein'* – und in der Tat wurde der Steinwein dem Tokaier gleich an Wert gehalten und der Eimer oft mit achtzig Talern bezahlt. Der vermehrte Verkehr mit dem Ausland, die erleichterte Kommunikation und andere Verhältnisse haben in neuerer Zeit die Weine Frankens überhaupt im Handel zurückgedrückt."[6]

Dass der Wein zu Würzburg „an, am oder auf dem Stein" zu den besten gehört, besagen weitere Fassungen des anfangs erwähnten Vierzeilers, wobei Würzburg mit jeweils anderen Weinorten genannt wird. Hier eine kleine Auswahl:

Zu Bacharach am Rhein,
zu Klingenberg am Main,
zu Würzburg auf dem Stein
wachsen die besten Wein'.[7]

Zu Hochheim am Main,
Zu Würzburg am Stein,
Zu Bacharach am Rhein,
Da wachsen die drei besten Wein.[8]

Zu Hochheim am Main,
Zu Rüdesheim am Rhein,
Zu Würzburg am Stein,
Da wachsen die drei besten Wein.[9]

Zu Klingenberg am Main,
zu Würzburg auf dem Stein,
zu Sommerach auf dem Sand
wachsen die besten Wein' im ganzen Land.[10]

Abb. 27 „Würzburg ist durch Wallmauern befestigt": Die Marienfeste mit der Mainbrücke. – Lithografie von Samuel Prout, um 1835.

Von all den sprichwörtlich derart gewürdigten Weinorten liegen neben Würzburg noch Klingenberg und Sommerach im bayerischen Unterfranken; Bacharach gehört zu Rheinland-Pfalz, Hochheim am Main und Rüdesheim sind hessisch.

Mit einem oberfränkischen Ort ist Würzburg in einem anderen alten Sprichwort verbunden:

**Würzburg ist durch Wallmauern,
Bamberg durch einen Seidenfaden befestigt.**[11]

Mit den befestigten Wallmauern ist die Festung Marienberg, ein Wahrzeichen Würzburgs, gemeint. Sie war von 1273–1719 die Residenz der Fürstbischöfe des Hochstifts Würzburg. Die dann von Balthasar Neumann im 18. Jahrhundert neu erbaute „Würzburger Residenz" am heutigen Residenzplatz ist seit 1981 UNESCO-Weltkulturerbe. Das Barockschloss wird von der baulichen Bedeutung her oft in einem Zuge mit Versailles oder Schönbrunn genannt.

Die Würzburger haben das schönste Glockengeläut im Reich.[12]

Es handelt sich bei dieser Behauptung um ein überaus populär gewesenes Sprichwort. Die Glocken finden auch im alten Volkslied „Mein Würzburg" Erwähnung: „Nennt man mir drei Wunderdinge, Frauen, Liebe und Wein, wird's im Herzen als ginge drüber der Sonne Schein … Grün Gelände, Silberfluten, blauer Himmel, Pilgersang und darein der alten gute Kirchenglocken Feierklang!"[13]

Eine Strophe eines anderen Liedes hat sogar Sprichwörtlichkeit erlangt. Sie preist ebenfalls das Geläut der Würzburger Glocken: *Und die Würzburger Glöckeln haben ein schönes Geläut, und die Würzburger Mädchen sind kreuzbrave Leut.*[14] Die Würzburger Mädchen erfahren hier also ein sprichwörtliches Lob. Ob es sich um ein solches auch bei Kerlen handelt, die mit dem Kalendermann von Würzburg verglichen werden, ist allerdings nicht eindeutig festzustellen:

Deß iß en Kerl wäi de Kalennermann vun Werzborg.[15]

(= Das ist ein Kerl wie der Kalendermann von Würzburg.) Der sprichwörtliche Vergleich stammt aus Hessen, und zwar aus der Kreisstadt des Landkreises Offenbach, Dietzenbach.[16] Er könnte sich auf den im 19. Jahrhundert periodisch erschienenen Würzburger Bilder-Kalender beziehen. Zu diesem heißt es in einer Quelle vom Jahre 1867: „Der Würzburger katholische Bilder-Kalender liefert dem Bürger und Landmann … eine gesunde, kräftige Kost … Die Abbildungen sind jedoch ziemlich altfränkisch."[17] „Altfränkisch" ist hier im Sinne von „altmodisch, altbacken, veraltet" zu verstehen. Ob das auch für die Abbildung des besagten Kalendermanns gilt, bleibt indes unklar.

Der Begriff „Kalendermann" wurde jedenfalls früher im Sinne einer pädagogischen, aufklärerischen Publikation gebraucht und war mithin ein personifizierter Kalender. Das bezeugen Titel wie *Der aufrichtige Kalendermann. Ein gar kurioses und nützliches Buch. Für die Jugend und den gemeinen Bürger und Bauersmann verfertiget und mit Bildern erläutert* vom Jahre 1793 oder *Kleiner Kalendermann.* *Enthaltend: die namen des evangelischen und des katholischen kalenders, geschichtliche begebenheiten auf jeden tag im jahre, sprüchwörter, wetterregeln, untrügliche prophezeiungen, sowie einen dreihundertjährigen kalender, nämlich auf die jahre 1701–2000. Ein nützliches und unterhaltendes handbuch für jedermann* vom Jahre 1865. Der erste „Kalendermann" wurde von Christoph Gottlieb Steinbeck verfasst, der zweite von Franz Clemens.

Höflich bis Würzburg.

„Würzburg … alte Residenz- und Bischofstadt in Franken auf dem halben Weg von Frankfurt nach Nürnberg, hier in Redensart … begrenzt höflich sein."[18] Die Variante *Galant bis Werzborg* ist im *Frankfurter Wörterbuch* auf ähnliche Weise kommentiert: „Redensart: nur begrenzt höflich, häufig ironisch gebraucht."[19]

▶ Die unterfränkische Bezirkshauptstadt wird 1574 im *Civitates Orbis Terrarum,* dem populärsten Städtebuch des 16. Jhs., noch als „Wjrtzburg die Hauptstatt der Orientalischen Francken"[20] ausgewiesen. *Würzburg* hat etymologisch mit „würzen" bzw. „Gewürz" nichts zu tun: „704 ist es erstmals als *Virteburg* beurkundet, ein Siedlungsplatz im Schutze des *Würzbergs* (von mittelhochdeutsch *wirt,* ‚Schutzherr')."[21]
Die kreisfreie Großstadt feierte 2004 ihr 1300-jähriges Stadtjubiläum. Mit der Julius-Maximilians-Universität, benannt nach Fürstbischof Julius Echter von Mespelbrunn und Kaiser Maximilian II., besitzt Würzburg auch die älteste Universität Bayerns. Bayerns fünftgrößte Stadt liegt am Main und hat 13 Stadtbezirke. Alljährlich findet das Kiliani-Volksfest statt, vor Ort auch „Mess" genannt.

Zellingen (Lkr. Main-Spessart)

Retzbach, Retzbach,
Des is ä Wallfahrtsort;
Die alte Leut, die bade,
die junge stahle fort!

„Bade" = beten. Immer noch pilgern jeden September Tausende zur Wallfahrtskirche „Maria im Grünen Tal."[1] Sie dürfte schon Anfang des 14. Jahrhunderts errichtet worden sein. Der Markt Retzbach wurde 1975 nach Zellingen eingemeindet.

▶ Der Markt Zellingen ist Sitz der gleichnamigen Verwaltungsgemeinschaft. Ihn kennzeichnen die alliterierenden Wörter „Wald · Wein · Wasser".

Anhang

Anmerkungen

Mittelfranken

Altdorf: [1]ZAH, 156. Unter „Schnappsack" verstand man damals eine Art Ranzen, in dem man Verpflegung für unterwegs mitführte. [2]ZAH, 157. **Ansbach:** [1]PLT, 85; [2]s. BGR, 44f.; [3]PLT, 85; [4]ELD, n.pag. **Aurach:** [1]KMB, 121. **Bechhofen an der Heide:** [1]SRS, 175; [2]LBE, 94. **Bergen:** [1]RIE II, n.pag. [2]RIE III, 199. **Dachsbach:** [1]KAG, n.pag.; [2]HTZ, 139; [3]WAN II, 594. **Dietersheim:** [1]SRS, 174. **Dinkelsbühl:** [1]PLT, 85; [2]MSR, 370; [3]BNR III, 223; [4]WAN I, 664; [5]BNR III, 223. **Eckental:** [1]SRS, 173. **Ehingen:** [1]RIE I, n.pag.; [2]SRS, 176; [3]RIE I, n.pag. **Ellingen:** [1]RIE I, n.pag.; [2]RIE III, 197. **Erlangen:** [1]BNR III, 219; [2]SRS, 221; [3]WKQ I, n.pag.; [4]s. WKQ I, n.pag.; [5]LSN, n.pag.; [6]s.RBK, n.pag.; [7]MAS II, 254; [8]SRS, 197; [9]HPF II, 91. **Ettenstatt:** [1]RIE III, 195; [2]HPF IV, 155; [3]HAL I, 123; [4]RIE III, 198. **Fürth:** [1]WAN V, 1292; [2]STL, 38; [3]MAS II, 40; [4]WKQ I, n.pag.; [5]STL, 47; [6]Ebd.; [7]zit.n. STL, 46; [8]STL, 186; [9]STL, 92; [10]STL, 177; [11]MAS II, 83; [12]STL, 177; [13]FWB I, 332; [14]FWB I, 342; [15]HFM I, 67; [16]s.TWB I, 821; [17]STL, 71; [18]BNR III, 220; [19]Ebd. [20]KMB, 396; [21]ZAH, 150; [22]Ebd.; [23]Ebd. **Gebsattel:** [1]SBT, 76. **Greding:** [1]BSH, 349; [2]BNR III, 219; [3]SRS, 141; [4]BNR III, 168; [5]BNR III, 221; [6]BNR III, 168. **Gunzenhausen:** [1]RIE I, n.pag.; [2]s. RIE III, 197. **Hilpoltstein:** [1]SRS, 129. **Höchstadt a. d. Aisch:** [1]BNR III, 217; [2]s. SWZ II, 36; [3]OLR, 203. **Höttingen:** [1]RIE I, n.pag.; [2]RIE III, 198; [3]Ebd. **Ippesheim:** [1]SRS, 233; [2]s.BNR III, 173; [3]Ebd. **Lauf a. d. Pegnitz:** [1]SRS, 238; [2]Ebd. [3]zit.n. SRS, 237f.; [4]MAS II, 79; [5]s. ZAH; [6]BNR III, 220. **Leutershausen:** [1]KMB, 93. **Mühlhausen:** [1]BNR III, 219. **Muhr a. See:** [1]RIE I, n.pag.; [2]RIE III, 197; [3]WAN II, 939. **Nennslingen:** [1]RIE III, 195; [2]Ebd. **Nürnberg:** [1]HEE II, 140; [2]zit.n.HEE II, 140f.; [3]s. ebd.; [4]HMV II, 414f.; [5]ZAH, 1; [6]MAS III, 3; [7]DRY I, 3; [8]MAR, i; [9]DRY I, 3; [10]zit.n.WAN III, 1070; [11]s. u. a. FWK, n.pag.; [12]MER IX, 67; [13]MAS III, 10; [14]vgl. Johann Peter Hebels „Schatzkästlein des Rheinischen Hausfreundes" von 1811; [15]MAS III, 10; [16]PLT, 90; [17]FKS, 466f.; [18]BNR I, 516; [19]PLT, 22; [20]MAS III, 38; [21]MST, 1081; [22]WAN III, 1070; [23]PLT, 88; [24]DRY I, 3; [25]HSK, 14 und WAN III, 1070; [26]BNO, 476; [27]MAS IV, 18; [28]KTE, 332; [29]AGR, 224; [30]s. DRY I, 3; [31]MAR, 109f.; [32]WAN III, 1070; [33]RWB VI, 284; [34]WAN I, 308; [35]FCR IV,

2087; [36]SWT II, 36; [37]ERN, 103; [38]WAN I, 86; [39]zit.n. MAS II, 254; [40]MAS IV, 187; [41]DRY I, 72; [42]MAS IV, 187; [43]zit.n.WAN III, 1071; [44]SWT II, 36; [45]ERN, 58; [46]KMB, 45; [47]STS, 155; [48]ZAH, 38; [49]RHR II, 1174; [50]ZAH, 38; [51]MAS III, 34; [52]KRT 111, 770; [53]ZAH, 29; [54]RHR I, 567; [55]ZAH, 153; [56]Ebd.; [57]s. RHR I, 567; [58]WAN II, 989; [59]WAN II, 998; [60]DRY I, 4; [61]MAS III, 13; [62]WAN II, 990; [63]WAN III, 1070; [64]WAN II, 1066; [65]Ebd.; [66]WAN II, 1065; [67]WAN II, 261; [68]WAN V, 1746; [69]FCR IV, 2087; [70]RHR II, 1103; [71]FCR VI, 2699; [72]SWT II, 36; [73]HAL II, 48; [74]VBV, 51; [75]SRK, 390 und PST VIII, 725; [76]DRY I, 4; [77]SWT II, 36; [78]ERN, 57; [79]s.WAN IV, 123 u. WAN I, 457; [80]GDG, 441; [81]WAN V, 417; [82]s. ebd.; [83]MER IX, 67; [84]HBR, 100; [85]BWZ, 64; [86]Ebd.; [87]PLT, 89; [88]s. MAS III, 22 und BRC, passim; [89]zit.n. BRC, 77; [90]MAS III, 22; [91]DRY I, 4; [92]s. MAS III, 15; [93]WAN II, 1464; [94]s. PLT, 62; [95]HSK, 15; [96]PST VII, 633; [97]WAN II, 1483; [98]zit.n. HSK, 14; [99]BDE, 141; [100]zit.n. ebd.; [101]Vgl. die sprichwörtliche Gewitterwarnung *Die Fichten wähl mitnichten*; [102]SWT II, 36; [103]SWT II, 60; [104]SLH, 24; [105]AGR, 234; [106]WAN II, 934; [107]BDE, 30. Siehe dazu auch SEI II, 283; [108]FKS, 661; [109]GRI XIV, 667; [110]WAN II, 1247; [111]zit.n. WAN II, 934; [112]SHP, 122; [113]KMB, 54; [114]Ebd.; [115]KMB, 156; [116]WAN V, 1242; [117]MAS II, 181; [118]GAY, 496; [119]SHN, 94; [120]s.WZB II, 44; [121]PLT, 90; [122]BNS, 105; [123]RHR II, 1103; [124]DRY I, 3; [125]SBR, 38; [126]RHR II, 1103; [127]s. WAN III, 1070; u. JMB, 119; [128]HFF, 367; [129]SWT II, 36; [130]RHR II, 1103; [131]WAN III, 1071; [132]WAC, 40; [133]MAS III, 45; [134]KRT 103,23; [135]RWB VI, 284; [136]RDF I, 97; [137]BSR, 87; [138]BWB IV, 92; [139]SWT II, 36; [140]WAN III, 1071; [141]RHR II, 1103; [142]ERN, 57; [143]zit.n. MAS II, 177; [144]MAS III, 14; [145]PLT, 89; [146]SWG, 30; [147]MER IX, 65; [148]PST VIII, 725; [149]SRM, 1333; [150]ZAH, 26; [151]OHN, 75; [152]ZDN, 133. Belegt ist die neue Version „Nürnberger Tand geht durchs ganze Land" dann z. B. noch 1897 bei Plaut (s. PLT, 89). [153]s. BRL, n.pag.; BNR I, 516 und STL, 65f. [154]RHR II, 1103; [155]s. GRI XXI, 103; [156]FKS, 855f.; [157]Ebd.; [158]HSK, 14; [159]WKQ I, n.pag.; [160]BNR I, 518; [161]Ebd.; [162]KRT 158, 108f.; [163]s. WAN IV, 1023; [164]WAN II, 308; [165]PLT, 89; [166]EGL, 257; [167]BLA II, 233; [168]ZDN, 133f.; [169]s. ebd. [170]KRT 103, 24; [171]KRT 10, 678; [172]MAS IV, 241; [173]WAN IV, 1716; [174]WAN V, 797; [175]MWB V, 144; [176]Ebd.; [177]RHR II, 1103; [178]PLT, 89; [179]vgl. GRI XI, 2714; [180]WAN II, 303; [181]zit.n. DRY I, 6; [182]BDE, 143; [183]MAS II, 177; [184]PST VII, 632f.; [185]zit.n. SKS, 637; [186]WAN V, 324. Wander dürfte hier aus Karl Julius Webers *Demokritos oder hinterlassene Papiere eines lachenden Philosophen*, erschienen 1857–1859 in Stuttgart, zitiert haben. [187]BNR I, 512; [188]s. MAS III, 35–37; [189]KRT 103, 15; [190]WAN V, 325; [191]zit.n. RMC, n.pag.; [192]SRK, 390; [193]DRY I, 4f.; [194]WZB II, 45; [195]BDE, 143; [196]FCR II, 302; [197]KHF, 228; [198]MAS III, 12; [199]ZAH, 32; [200]WAN I, 1386; [201]zit.n. PLT, 89; [202]s. DRY I, 4; [203]KTE, 60;

[204]MAR, 293; [205]SRK, 390; [206]WAN I, 1654; [207]GRD, 258; [208]Ebd.; [209]DRY I, 4; [210]MAS III, 22; [211]s. o. beim Sprichwort *Die Nürnberger henken keinen, sie hätten ihn denn* bzw. *Es hängen die von Nürnberg keinen, sie haben ihn denn.* [212]PLT, 90; [213]EIS, 496; [214]KSP, 52; [215]s.WAN I, 938; [216]s. KSP, 1; [217]WEB, 137; [218]ZAH, 135; [219]zit.n. MAS I, 426; [220]s. ebd.; [221]KMB, 389; [222]MAS II, 254; [223]ZAH, 104; [224]zit.n. BOC, 103; [225]ZAH, 149; [226]ZAH, 150; [227]Ebd.; [228]BNR III, 223; [229]s. RIE III, 198; [230]s. UMS, 125. **Pappenheim:** [1]LRG, 52; [2]RHR II, 1140; [3]PSW IV, 288; [4]zit. n. ZZM, 165; [5]RHR II, 1140; [6]s. ebd.; [7]SBR, 62; [8]zit.n. BYW, 1102; [9]RIE I, n.pag. **Pfofeld:** [1]RIE I, n.pag.; [2]Ebd. [3]RIE III, 198. **Pleinfeld:** [1]RIE I, n.pag.; [2]Ebd. [3]s. ebd.; [4]RIE IV, n.pag.; [5]RIE III, 199. **Polsingen:** [1]RIE I, n.pag.; [2]Ebd. [3]BNR III, 223. **Pommelsbrunn:** [1]BNR III, 211. **Puschendorf:** [1]RHR II, 760. **Röthenbach a. d. Pegnitz:** [1]SRS, 177. **Rothenburg ob der Tauber:** [1]PLT, 84; [2]zit.n. SRS, 193; [3]RHB, 120; [4]BNR I, 710; [5]BNR III, 171; [6]PLT, 84. **Schwabach:** [1]WAC, 299; [2]STL, 71; [3]BNR I, 503; [4]Ebd. [5]BNR I, 504; [6]s. ebd. **Spalt:** [1]FCS, VII; [2]zit.n. FCS,VIf.; [3]FCS, IIIf.; [4]WKP XIX, n.pag.; [5]Ebd. [6]BNR I, 492; [7]Ebd. **Stein:** [1]SRS, 174; [2]SRS, 177. **Treuchtlingen:** [1]RIE III, 198; [2]Ebd. **Unterschwaningen:** [1]SRS, 129; [2]RIE I, n.pag.; [3]Ebd. **Vestenbergsgreuth:** [1]BNR III, 168. **Weisendorf:** [1]HPF IV, 89; [2]s. ebd. **Weißenburg i. Bay.:** [1]BNR I, 493; [2]Ebd. [3]BNR I, 496; [4]BNR I, 495; [5]BNR I, 496. **Windsbach:** [1]BNR III, 221. **Zirndorf:** [1]SRS, 174; [2]MAS II, 237.

Oberfranken

Altenkunstadt: [1]SWZ I, 29. **Bad Staffelstein:** [1]FKR, n.pag.; [2]zit.n. SHN, 173. **Bamberg:** [1]PLT, 22; [2]MER IX, 27; [3]SRM, 98; [4]KRK, 121; [5]PLT, 81; [6]WAN V, 473; [7]PLT, 82; [8]DEI I, 101; [9]MER IX, 23; [10]SRM, 98; [11]BNR I, 574; [12]PLT, 82; [13]s. ebd. [14]OLR, 203; [15]zit.n. SWZ I, 5; [16]BNR II, 76; [17]PSW II, 135; [18]QRI, 47; [19]s. ebd. [20]KMB, 251; [21]TWB I, 541; [22]CMR, 13; [23]BNR III, 201; [24]BNR III, 219; [25]Ebd. [26]KMB, 54; [27]MAS II, 72; [28]TWB IV, 613; [29]RHR I, 220. **Bayreuth:** [1]zit.n. PLT, 84; [2]SMR, 210; [3]DGR, 241; [4]PLT, 43; [5]SRK, 390. **Burgebrach:** [1]BNR III, 219. **Buttenheim:** [1]PZR, 317; [2]HAL I, 113; [3]SHW I, 197. **Coburg:** [1]PLT, 71; [2]PLT, 84; [3]STZ, 26; [4]Ebd.; [5]RWB IV, 1095; [6]s.ebd. [7]SHW III, 1574; [8]WAN V, 700; [9]TWB I, 1134; [10]Ebd. [11]KDK, 1320. **Ebrach:** [1]WAN I, 718; [2]CMR, 39. **Eggolsheim:** [1]PZR, 317; [2]LMT, 92; [3]SHN, 30. **Forchheim:** [1]WAN I, 201; [2]s. ebd. u. TRL, 15 bzw. SLN I, 202; [3]MAS II, 99; [4]MSP, n.pag.; [5]s. PWB II, 1510; [6]BNR III, 222; [7]BNR III, 217; [8]BNR III, 97; [9]SWZ II, 36. **Gerach:** [1]SRS, 203; [2]BNR III, 224. **Glashütten:** [1]SWZ II, 37. **Goldkronach:** [1]SWZ II, 36; [2]KMB, 389. **Hallstadt:** [1]SWZ II, 35; [2]s. BNR II,

153; [3]s. BNR III, 217. **Hirschaid:** [1]BNR III, 219; [2]Ebd. **Hof:** [1]SLC, 75; [2]BVR I, 576; [3]LCR, 27; [4]KNG, n.pag.; [5]PAU, 109; [6]KMB, 121; **Kirchenlamitz:** [1]RTG, 226. **Kronach:** [1]DRS, 24f.; [2]SRS, 36. **Litzendorf:** [1]s. BNR III, 202; **Münchberg:** [1]HPF IV, 106. **Nagel:** [1]SRS, 175; [2]SWZ II, 36; [3]zit.n. SRS, 239; [4]GRI XII, 600; [5]zit.n. DGR, 238, Fußnote. **Pettstadt:** [1]PTS, n.pag.; [2]WKP XV, n.pag.; [3]s. ebd. **Pottenstein:** [1]BNR III, 217; [2]BNR III, 218. **Rattelsdorf:** [1]SRS, 214; [2]Ebd. **Scheßlitz:** RIE I, n.pag. **Schlüsselfeld:** [1]BNR III, 217. **Schönwald:** [1]BNR III, 217; [2]HAL I, 181f.; [3]BNR III, 164. **Selb:** [1]DGR, 238; [2]Ebd. [3]SWZ II, 36; [4]SMR, 177; [5]Ebd. **Thurnau:** [1]BNR III, 217; [2]HPF I, 139. **Waischenfeld:** [1]CMR, 133. **Weidenberg:** [1]KPH II, 186; [2]HDM, 11. **Weismain:** [1]BVR I, 282; [2]RHZ II, 61. **Wunsiedel:** [1]LRZ, 53.

Unterfranken

Abtswind: [1]WAN I, 18; [2]s. PST II, 138; [3]ZHD, n.pag. **Amorbach:** [1]PLT, 83; [2]BNR III, 173; [3]BNR III, 224; [4]OHY, 190; [5]zit.n. KFT, 12. **Aschaffenburg:** [1]SHW I, 355. **Aura a. d. Saale:** [1]SRS, 183. **Bad Kissingen:** [1]PLT, 82; [2]MRD, 9f.; **Bad Königshofen:** [1]SRS, 175; [2]BNR I, 703. **Bad Neustadt a. d. Saale:** [1]BNR I, 704. **Bastheim:** [1]SRS, 141. **Birkenfeld:** [1]HPF III, 202. **Bischofsheim a. d. Rhön:** [1]BNR III, 225; [2]BNR III, 220; [3]BNR I, 702; [4]BNR III, 224; [5]Ebd.; [6]BNR III, 225. **Burkardroth:** [1]PLT, 82; [2]Ebd. [3]s. SRS, 199; [4]BNR I, 690. **Bütthard:** [1]BNR III, 224. **Castell:** [1]s. auch WAN IV, 960; [2]VGN, 195; [3]PST III, 288. **Collenberg:** [1]SRS, 177. **Dettelbach:** [1]BWB I, 419; [2]SHW IV, 846. **Faulbach:** [1]BUC, 98. **Fladungen:** [1]SRS, 215; [2]SRS, 178. **Frickenhausen a. Main:** [1]SRS, 188. **Gochsheim:** [1]KBR, 96. **Großheubach:** [1]SRS, 141. **Großostheim:** [1]WAN V, 216. **Hammelburg:** [1]HPF IV, 11; [2]BNR III, 224. **Helmstadt:** [1]BNR III, 202; [2]BNR III, 226. **Höchberg:** [1]BNR III, 226. **Hösbach:** [1]WKP VI, n.pag.; [2]PWB V, 1164; [3]s. ebd. **Iphofen:** [1]BNR III, 223. **Kist:** [1]BWB III, 136. **Kitzingen:** [1]LMT, 168. [2]HSP, 72. **Klingenberg am Main:** [1]WAN II, 1396 und PST VII, 566 (hier: Mayn, Würtzburg u. gantzen); [2]MER VI, 23; [3]BNR II, 151; [4]HSP, 156; [5]PLT, 83; [6]BNR III, 109f.; [7]PLT, 83. **Lohr a. Main:** [1]PLT, 83; [2]MSR, 382. **Miltenberg:** [1]KMB, 93. **Münnerstadt:** [1]BNR I, 701; [2]BNR III, 224; [3]BNR III, 203; [4]BNR III, 224. **Oberelsbach:** [1]ALB, 33. **Ochsenfurt:** [1]PLT, 83. **Ostheim v. d. Rhön:** [1]HSK, 9; [2]vgl. ALB, 26; [3]TWB IV, 260; [4]Ebd. **Randersacker:** [1]SRS, 211. **Salz:** [1]SRS, 233; [2]BNR III, 134. **Schweinfurt:** [1]WAN IV, 460; [2]Ebd. [3]TWB V, 1092. **Seinsheim:** [1]SRS, 233; [2]s. ebd. **Sommerach:** [1]WAN II, 1396; [2]Eine „Priamel" ist eine Art Spruchgedicht, bei der die Auflösung in der Schlusszeile genannt wird, während ein „Vielspruch mit Ankündigung" mit der Auflösung beginnt. [3]HSK, 9; [4]LVC, 695. **Wasserlosen:** [1]KMB, 260. **Wildflecken:** [1]BNR III, 225. **Würzburg:** [1]HSK, 9; [2]MER IX, 111; [3]BNR II, 73; [4]KPH II, 161; [5]ZDN, 29; [6]HEE II, 122; [7]WAN I, 214; [8]HSK, 9; [9]BDE, 90; [10]WAN II, 1396; [11]WAN V, 473; [12]HSK, 16; [13]VLA, n.pag.; [14]HPF III, 60; [15]SHW VI, 697; [16]s. ebd.; [17]AKD, 412; [18]FWB VI, 3603; [19]FWB II, 774; [20]BRH, 18; [21]UMS, 471. **Zellingen:** [1]SRS, 129.

Siglen- und Quellenverzeichnis

AGR	Agricola, Johannes: *Sibenhundert vnnd Fünfftzig Teutscher Sprüchwörter/erneüwert vnd gebessert.* Eisleben, 1541.
AKD	(N.N.): „Kalenderschau". *Allgemeine Literatur-Zeitung, zunächst für das katholische Deutschland.* Nr. 50, XIV. Jahrgang, 16.12.1867, S. 412.
ALB	Albert, Reinhold: „Du edler Saft der Beeren, bring' uns're Rhön zu Ehren!" http://www.lkrhoengrabfeld.rhoen-saale. net [Stand: 19.09.2010]
BDE	Binder, Wilhelm: *Sprichwörterschatz der Deutschen Nation. Aus mündlichen und schriftlichen Quellen gesammelt; nebst sprachlichen, sachlichen und geschichtlichen Erläuterungen.* Stuttgart: Schaber'sche, 1873.
BGR	Berger, Dieter: *Duden, Geographische Namen in Deutschland. Herkunft und Bedeutung der Namen von Ländern, Städten, Bergen und Gewässern.* 2. überarb. Aufl. Mannheim: Dudenverl., 1999.
BLA II	= Blaeu, Joan: *Atlas Maior. Vol. 2: Germania, Austria & Helvetia.* Amsterdam, 1665. Bibliophiler Nachdruck Köln: Taschen, o.J. Mit einer Auswahl der (aus dem Lateinischen übersetzten) Originaltexte von Joan Blaeu.
BNO	Benevolo, Leonardo: *Die Geschichte der Stadt.* Frankfurt/Main: Campus, 2007. 7. Auflage. Aus dem Italienischen von Jürgen Humburg nach der erweiterten 6. Auflage der Originalausgabe „Storia della città" von 1982.
BNR I	Bronner, F. J.: *Bayerisch' Land und Volk (diesseits und jenseits des Rheins) in Wort und Bild..* München: Kellerer, 1910. Erstauflage 1898.

BNR II   Bronner, Franz Josef.: *Bayerisches Schelmen-Büchlein. 150 Schwänke und Schnurren über bayerische Ortsneckereien.* Diessen: Huber, 1911. Revidierte Ausgabe.

BNR III   Bronner, Franz Josef.: *Bayerisches Schelmen-Büchlein. 165 Schwänke und Schnurren über bayerische Ortsneckereien. 2 scherzhafte Plaudereien über Taufnamen-, Handwerker-, Standes- u. Berufsneckereien. (1300 Ortsnecknamen mit Erklärung und 200 Ortsneckreime.)* Diessen: Huber, 1911. Ausgabe A.

BNS   (N.N.): „Placker-Geschichten. Historische Skizze aus dem Mittelalter." In: Kaspar Braun/Friederich Schneider (Hg.): *HausChronik.* München: 1851. S. 104–107. Erster Band.

BOC   Bock, Friedrich: *Zur Volkskunde der Reichsstadt Nürnberg.* Würzburg: Schöningh in Komm., 1959.

BRC   Barack, Karl August: „Wann du zu Nürnberg wärest, so gäb man dir die wal'. Sprichwörtliche Redensart im XVI. Jahrhundert." in: *Album des Literarischen Vereins in Nürnberg für 1865.* Nürnberg: In Kommission bei Bauer und Raspe, 1865. S. 76–80.

BRH   Braun, Georg und Hogenberg, Franz: *Beschreibung und Contrafactur der vornembster Stät der Welt (Civitates Orbis Terrarum).* Stuttgart: Müller und Schindler, 1984. [Auswahlband aus der sechsbändigen Gesamtausgabe des Werkes. Erstausgabe: Köln, 1574]

BRL   Bayern Radio: „Radiowissen – Nürnberg". http://www.br-online.de/wissen-bildung/collegeradio/ [Stand: 09.04.2010]

BSH   Bundschuh, Johann Kaspar: *Geographisches Statistisch-Topographisches Lexikon von Franken etc.* Ulm: Stettinische Buchhandlung, 1799.

BSR   Bräutigam, Kurt/Sauer, Walter: *Mach kä Sprisch! Mundartliche Redewendungen aus Mannheim, der Kurpfalz und der Pfalz.* Mit einem Geleitwort von Rudolf Post. Neckarsteinach: Edition Tintenfaß, 2007. 2. Aufl. , Erstauflage 2005. [Überarbeitete und erweiterte Neuausgabe von Kurt Bräutigam: *Mach kä Schbrisch,* Heidelberg: Quelle & Meyer, 1979]

BUC   Brauch, Theodor: *Laetarebrauchtum am Bayrisch-Badischen Untermain, im östlichen Odenwald und Bauland. Eine Untersuchung des Brauchtums zur Sommerbegrüßung um die Mittfasten.* Würzburg: Diss., 1970.

BVR I	(N.N.): *Bavaria. Landes- und Volkskunde des Königreichs Bayern bearbeitet von einem Kreise bayerischer Gelehrter. Oberfranken. Mittelfranken.* Dritter Band. München: Cotta'sche, 1865.
BWB I	*Badisches Wörterbuch.* Herausgegeben mit Unterstützung des Bad. Ministeriums des Kultus und Unterrichts. Vorbereitet von Friedrich Kluge, Alfred Götze, Ludwig Sütterlin, Friedrich Wilhelm, Ernst Ochs. Bearbeitet von Ernst Ochs. Erster Band A B C DT E. Lahr (Schwarzwald): Schauenburg, 1925–1940.
BWB III	*Badisches Wörterbuch.* Herausgegeben mit Unterstützung des Ministeriums für Wissenschaft und Forschung Baden-Württemberg. Vorbereitet von Friedrich Kluge, Alfred Götze, Ludwig Sütterlin, Friedrich Wilhelm, Ernst Ochs. Begonnen und bearbeitet von Ernst Ochs. Fortgesetzt von Karl Friedrich Müller. Weitergeführt und bearbeitet von Gerhard W. Baur. Dritter Band. I J K L ·M. Lahr/Schwarzwald: Schauenburg, 1975–1997.
BWB IV	*Badisches Wörterbuch.* Herausgegeben mit Unterstützung des Ministeriums für Wissenschaft und Forschung Baden-Württemberg. Vorbereitet von Friedrich Kluge, Alfred Götze, Ludwig Sütterlin, Friedrich Wilhelm, Ernst Ochs. Begonnen von Ernst Ochs. Weitergeführt von Karl Friedrich Müller, Gerhard W. Baur. Bearbeitet von Rudolf Post. Ab Buchstabe ‚S' unter Mitarbeit von Friedel Scheer-Nahor. Vierter Band. N O Q R Sa Sch. München: Oldenbourg, 2009.
BWZ	Bennewitz, Nadja: „Kaiser-Fieber: Paraden, Pannen und Politik. Herrscherbesuche stellten das mittelalterliche Nürnberg auf den Kopf." *Merian* 09 (2007), 64–66.
BYW	*Bayerisches Wörterbuch.* Herausgegeben von der Kommission für Mundartforschung. Bearbeitet von Joesf Denz, Bernd Dieter Insam, Anthony R. Rowley und Hans Ulrich Schmid. Band I: A-Bazi. München: Oldenbourg, 2002.
CMR	Cammerer, Anselm Andreas Caspar: *Naturwunder, Orts- und Länder-Merkwürdigkeiten des Königreiches Bayern etc.* Kempten: Kösel, 1832.
DEI I	Deiss, Richard: *Elbflorenz und Sprayathen. 555 Städtebeinamen und Stadtklischees von Blechbudenhausen bis Schlicktown.* Norderstedt: Books on Demand, 2009.

DGR   Dunger, Hermann: *Rundâs und Reimsprüche aus dem Vogtlande.* Plauen: Neupert, 1876.

DRS   Dürrschmidt, Johann Georg: *Beschreibung des Königlich Preussischen, im Fürstentum Baireuth liegenden, Kirchspieles Goldkronach in statistischer, topographischer, historischer, oryktologischer und literarischer Hinsicht.* Baireuth, 1800.

DRY I   Dreyer, Aloys: *Nürnberg und die Nürnberger in der Karikatur und Satire ihrer Zeit.* München: Müller, 1920.

EGL   Engel, Evamaria: *Die deutsche Stadt im Mittelalter.* Düsseldorf: Patmos, 2005. [Originalausgabe: *Die deutsche Stadt des Mittelalters.* München: C.H. Beck, 1993]

EIS   Eiselein, J (osua): *Die Sprichwörter und Sinnreden des deutschen Volkes in alter und neuer Zeit.* Leipzig, 1980. [Fotomechanischer Neudruck der Originalausgabe Freiburg, 1840].

ELD   Evangelisch-lutherisches Dekanat Ansbach: „St. Bartholomäus Brodswinden." http://www.ansbach-evangelisch.de/gemeinden/brodswinden.php [Stand: 29.11.2008]

ERN   Ernst, Wolfgang (Hg.): *365 Oberpfälzer Sprichwörter. Ein Arsenal geistiger Waffen: gesammelt von Franz Xaver von Schönwerth, ausgewählt und mit Vorwort und Erläuterungen versehen vom Herausgeber.* Weiden: Stangl & Taubald, 2007.

FCR II   Fischer, Hermann: *Schwäbisches Wörterbuch.* Auf Grund der von Adelbert v. Keller begonnenen Sammlungen und mit Unterstützung des württembergischen Staates bearbeitet von Hermann Fischer. Zweiter Band. D.T.E.F.V. Bearbeitet unter Mitwirkung von Wilhelm Pfleiderer. Tübingen: Laupp'sche, 1908.

FCR IV   Fischer, Hermann: *Schwäbisches Wörterbuch.* Auf Grund der von Adelbert v. Keller begonnenen Sammlungen und mit Unterstützung des württembergischen Staates bearbeitet von Hermann Fischer. Vierter Band. I.J.K.Q.L.M.N. Bearbeitet unter Mitwirkung von Wilhelm Pfleiderer. Tübingen: Laupp'sche, 1914.

FCR VI   Fischer, Hermann: *Schwäbisches Wörterbuch.* Auf Grund der von Adelbert v. Keller begonnenen Sammlungen und mit Unterstützung des württembergischen Staates bearbeitet von Hermann Fischer. Weitergeführt von Wilhelm Pfleiderer. Sechster Band. Erster Halbband. U.W.X.Z. Tübingen: Laupp'sche, 1924.

FCS   Fuchs, Johann Baptist: *Gott ist der Helfer in jeder Noth. Zwei Geschichts-Predigten gehalten in den Jahren 1839 und 1840 am Feste St. Johannis des Täufers als am Gedächtniß-Tage der Befreiung der Stadt Spalt von einem feindlichen Überfalle im Jahre 1450.* Schwabach: Mizler'sche, o. J.

FKR   (N.N.): „Tages-Chronik. Vom Staffelberg." *Fränkischer Kurier* Nummer 169, 18. Juni 1856.

FKS   von Falckenstein, Johann Heinrich: *Wahre und Grund haltende Beschreibung der heutigen Tages weltberühmten Des Heiligen Römischen Reichs Freyen Stadt Nürnberg, in fünf Büchern abgefasset.* Erfurt: Nonnen, 1750.

FWB I   *Frankfurter Wörterbuch.* Aufgrund des von Johann Joseph Oppel (1815–1894) und Hans Ludwig Rauh (1892–1945) gesammelten Materials herausgegeben vom Institut für Volkskunde der Johann Wolfgang Goethe-Universität Frankfurt am Main in Verbindung mit der Frankfurter Historischen Kommission. 1. – 3. Lieferung, bearb. v. Rainer Alsheimer. Einleitung und A – Eva. Frankfurt am Main: Kramer, 1971.

FWB II   *Frankfurter Wörterbuch.* Aufgrund des von Johann Joseph Oppel (1815–1894) und Hans Ludwig Rauh (1892–1945) gesammelten Materials herausgegeben im Auftrag der Frankfurter Historischen Kommission in Verbindung mit dem Institut für Volkskunde der Johann Wolfgang Goethe-Universität Frankfurt am Main von Wolfgang Brückner 4. – 6. Lieferung, bearb. v. Rosemarie Schanze. Evangelium – Hobel. Frankfurt am Main: Kramer, 1974.

FWB IV   *Frankfurter Wörterbuch.* Aufgrund des von Johann Joseph Oppel (1815–1894) und Hans Ludwig Rauh (1892–1945) gesammelten Materials herausgegeben im Auftrag der Frankfurter Historischen Kommission in Verbindung mit dem Institut für Kulturanthropologie und Europäische Ethnologie der Johann Wolfgang Goethe-Universität Frankfurt am Main von Wolfgang Brückner 10.–12. Lieferung, bearb. v. Hans-Otto Schembs und Günther Vogt. Los – Rehziemer. Frankfurt am Main: Kramer, 1980.

FWBv V   *Frankfurter Wörterbuch.* Aufgrund des von Johann Joseph Oppel (1815–1894) und Hans Ludwig Rauh (1892–1945) gesammelten Materials herausgegeben im Auftrag der Frankfurter Historischen Kommission in Verbindung mit dem Institut für Kulturanthropologie und Europäische Ethnologie der Johann Wolfgang Goethe-Universität Frankfurt am Main von Wolfgang Brückner 13.–15. Lieferung, bearb. v. Stephan Herber, Hans-Otto Schembs und Helmut Waibler. Reibach – Studie. Frankfurt am Main: Kramer, 1982.

FWB VI — *Frankfurter Wörterbuch.* Aufgrund des von Johann Joseph Oppel (1815–1894) und Hans Ludwig Rauh (1892–1945) gesammelten Materials herausgegeben im Auftrag der Frankfurter Historischen Kommission in Verbindung mit dem Institut für Kulturanthropologie und Europäische Ethnologie der Johann Wolfgang Goethe-Universität Frankfurt am Main von Wolfgang Brückner 16.–18. Lieferung, bearb. v. Hans-Otto Schembs und Günther Vogt. Studieren – Zylinder. Frankfurt am Main: Kramer, 1984.

FWK — FrankenWiki: „Nürnberg – des Deutschen Reiches Schatzkästkein." http://franken-wiki.de [Stand: 18.02.2010]

GAY — Gay, Jutta: *1000 Gründe Deutschland zu lieben. Von Asbach Uralt bis Zeitgeist: Was ist ‚typisch deutsch'?* Hamburg: Moewig, o. J.

GDG — Gundling, Nicolaus Hieronymus: *Historische Nachricht von dem Ursprunge und Wachsthum des Heil. Röm. Reichs freyer Stadt Nürnberg/Aus uralten glaubwürdigen documentis und Urkunden vorgestellet.* Franckfurt und Leipzig: Bachmeyer, MDCCVII. (= 1707)

GRD — Graf, Eduard und Dietherr, Mathias: *Deutsche Rechtssprichwörter.* Nördlingen: C.H. Beck'sche, 1864.

GRI — I–XXXIII = Grimm, Jacob und Wilhelm: *Deutsches Wörterbuch.* 33 Bände. München: Deutscher Taschenbuchverlag, 1999. [Lizenzausgabe des Fotomechanischen Nachdrucks 1954 der Erstausgabe Leipzig: Hirzel, 1854: Erster Band – Sechzehnter Band (= Bd. 32 in der dtv-Ausgabe) bzw. 1971–1984: Quellenverzeichnis (= Bd. 33 in der dtv-Ausgabe)].

HAL I — Haller, Reinhard: *Aufzwickt. Volkshumor in Niederbayern. 600 Orts- und Landschaftsneckereien, Schwänke, Redensarten, Spitznamen, Reihen und Reime.* Grafenau: Morsak, 1984.

HAL II — Haller, Reinhard: *Waldlersprüch für dreihundertsechsundsechzig Tage. Lebendiges Sprichwort im Bayerischen Wald.* 2. Aufl. Grafenau: Morsak, 2000.

HBR — Huber, Gerald: *Kleine Geschichte Niederbayerns.* Regensburg: Pustet, 2007.

HDM   Handelmann, Heinrich: *Topographischer Volkshumor. Orts-*
namen in Reim und Spruch aus Schleswig-Holstein Hamburg
Lauenburg und Lübek. Kiel: Schwer'sche, 1866.

HEE II   von Heeringen, Gustav: *Franken.* Das malerische und romantische Deutschland, Band 3. Wolfenbüttel: Melchior,
2010. [Nachdruck von v. Heeringens *Das malerische und*
romantische Deutschland: Franken vom Jahre 1846.]

HFF   Hauff, Wilhelm: *Sämtliche Werke. Phantasien im Bremer*
Ratskeller, Phantasien und Skizzen, Kleine Schriften, Gedich-
te. Band 3. München: Winkler, 1970. [Erstausgabe: 1827]

HFM I   Hoffmann, Hartmut: *Alle Medelser Schprüch on Redensoar-*
te. Alte Metzelser Sprüche und Redensarten. On boass di Vö-
chele so sejnge. Und was die Vöglein so singen. Berlin: Nora,
2003.

HMV II   (N.N.): „Nur ein Nürnberg". *Historischdiplomatisches Ma-*
gazin für das Vaterland und angrenzende Gegenden. Des
zweiten Bandes viertes Stück. Nürnberg: Bischoffische
Buch- und Kunsthandlung, 1784, S. 415–422.

HPF I   Holzapfel, Otto: *Vierzeiler-Lexikon. Schnaderhüpfel, Gesätz-*
le, Gestanzeln, Rappeditzle, Neck-, Spott-, Tanzverse und ver-
wandte Formen aus mündlicher Überlieferung. Ein kommen-
tiertes Typenverzeichnis. Band 1. A – E. Bern: Lang, 1991.
[Studien zur Volksliedforschung. Im Auftrag des Deutschen Volksliedarchivs herausgegeben von Otto Holzapfel.
Band 7.]

HPF II   Holzapfel, Otto: *Vierzeiler-Lexikon. Schnaderhüpfel, Gesätz-*
le, Gestanzeln, Rappeditzle, Neck-, Spott-, Tanzverse und ver-
wandte Formen aus mündlicher Überlieferung. Ein kommen-
tiertes Typenverzeichnis. Band 2. F – J. Bern: Lang, 1992.
[Studien zur Volksliedforschung. Im Auftrag des Deutschen Volksliedarchivs herausgegeben von Otto Holzapfel.
Band 8.]

HPF III   Holzapfel, Otto: *Vierzeiler-Lexikon. Schnaderhüpfel, Gesätzle,*
Gestanzeln, Rappeditzle, Neck-, Spott-, Tanzverse und ver-
wandte Formen aus mündlicher Überlieferung. Ein kommen-
tiertes Typenverzeichnis. Band 3. K – N. Bern: Lang, 1992.
[Studien zur Volksliedforschung. Im Auftrag des Deutschen
Volksliedarchivs herausgegeben von Otto Holzapfel. Band 9.]

HPF IV   Holzapfel, Otto: *Vierzeiler-Lexikon. Schnaderhüpfel, Gesätz-*
le, Gestanzeln, Rappeditzle, Neck-, Spott-, Tanzverse und ver-

wandte Formen aus mündlicher Überlieferung. Ein kommentiertes Typenverzeichnis. Band 4. O – S. Bern: Lang, 1993. [Studien zur Volksliedforschung. Im Auftrag des Deutschen Volksliedarchivs herausgegeben von Otto Holzapfel. Band 10.]

HSK   Hesekiel, George: *Land und Stadt im Volksmunde. Beinamen, Sprüche und Spruchverse.* Berlin: Janke, 1867.

HSP   Hänle, Siegfried/von Spruner, Karl: *Handbuch für Reisende auf dem Maine.* Würzburg: Stahel'sche, 1843.

HTZ   Hetzel, S.: *Wie der Deutsche spricht. Phraseologie der volkstümlichen Sprache.* Leipzig: Grunow, 1896. [Nachdruck der Originalausgabe von 1896. Wolfenbüttel: Melchior, 2009.]

JMB   J.M.B.: *Sechs Tausend deutsche Sprüchwörter und Redensarten.* Stuttgart: Köhler, 1840.

KAG   Karpfenland Aischgrund e.V.: „Dachsbach." http://www.karpfenland-aischgrund.eu/?St%E4dte_und_Gemeinden_im_Karpfenland_Dachsbach [Stand: 29.08.2009]

KBR   Kober, Julius: *Die Mundart der Stadt Suhl im Thüringer Wald. Lautlehre, Sprichwörter und Redensarten und wortgeographische Grenzen ihrer Umgebung.* Marburg: Elwert, 1962. Deutsche Dialektgeographie: Untersuchungen zum Deutschen Sprachatlas, herausgegeben von Ludwig Erich Schmitt. Band 63.

KDK   Königliche Baierische Kriegs- und Domainen-Kammer: „Die falschen Koburger- und Würtemberger [sic!] – 6 und 3 Kreuzer-Stücke betreffend" in: *Königlich-Baierisches Regierungsblatt* XXXV. Stück, 15. August 1807, S. 1320.

KFT   Kraft, Thomas: *Zwischen Bratwurst und Barock. Fränkische Besonderheiten.* Wien: Picus, 2006.

KHF   Kirchhofer, Melchior: *Wahrheit und Dichtung. Sammlung schweizerischer Sprichwörter.* Mit einem Vorwort von Wolfgang Mieder. Hildesheim: Olms, 1997. Volkskundliche Quellen: VII Sprichwort [Nachdruck der Ausgabe Zürich: Orell Füssli, 1824.]

KMB   Kommission für Mundartforschung der Bayerischen Akademie der Wissenschaften (Hg.): *Handwörterbuch von Bayerisch-Franken.* Bearbeitet von Eberhard Wagner und Alfred Klepsch. Bamberg: Fränkischer Tag, 2008. 3., unveränderte Auflage.

KNG	König, Gustav: *Luther singt als Currentschüler...* Titel eines Stahlstichs vom Jahre 1847.
KPH II	Kapfhammer, Günther (Hg.): *Bayerische Schwänke. ,Dastunka und dalogn'.* Düsseldorf: Diederichs, 1974.
KRK	Kriegk, Georg Ludwig: *Schriften zur allgemeinen Erdkunde.* Leipzig: Engelmann, 1840.
KRT	Krünitz, Johann Georg: *Oekonomische Encyklopädie.* Berlin: Pauli, 1773–1858 [=Bd. 1–242]. (Die Zahl vor dem Komma bezeichnet den Band, die danach die jeweilige Seite.) URL: http://www.kruenitz1.uni-trier.de [Stand: 08.09.2011]
KSP	(N.N.): *Klosterspiegel in Sprichwörtern, Spitzreden, Anekdoten und Kanzelstücken.* Bern: Jenni, 1841.
KTE	Körte, Wilhelm: *Die Sprichwörter und sprichwörtlichen Redensarten der Deutschen nebst den Redensarten der Deutschen Zechbrüder und Aller Praktik Großmutter, d.i. der Sprichwörter ewigem Wetterkalender.* Hildesheim/New York: Olms, 1974. [Nachdruck der Ausgabe Leipzig 1837].
LBE	(N.N.): „Lieb-Frauen-Chronik des Bisthums Eichstätt (Fortsetzung)". In: *Pastoral-Blatt des Bisthums Eichstätt.* Fünfter Jahrgang. Nro. 21. 22. Mai 1858, S. 92–94.
LCR	Lechner, Georg Stephan: *Schicksale und Zustände des Gymnasiums in Hof bis in die ersten Jahre des 19. Jahrhunderts.* o. O.: Mintzel'sche, 1846. I. Abtheilung (= Band 1).
LMT	Lammert, Gottfried: *Volksmedizin und medizinischer Aberglaube in Bayern und den angrenzenden Bezirken.* Würzburg: Julien, 1869.
LRG	Lohrengel, W.: *Altes Gold. Deutsche Sprichwörter und Redensarten nebst einem Anhange.* Clausthal: Grossesche, 1860.
LRZ	Layriz, Friedrich Wilhelm Anton: *Aelteste Polizey-Gesetze der Stadt Wunsiedel im Fürstenthum Baireuth, von 1383–1548.* Bayreuth: Lübeckische, 1801.
LSN	LisaNeun: „Cartoons Archives." http://www.lisaneun.com/l9log/cat_cartoons.html [Stand: 07.11.2007]
LVC	Ludovici, Carl Günther (Hg.): *Grosses Universal-Lexicon aller Wissenschaften und Künste, welche bishero durch menschlichen Verstand und Witz erfunden worden.* Leipzig und Halle: Zedler, 1743. Acht und Dreyßigster Band.
MAR	Mayer, Moritz Maximilian: *Kleine Chronik der Reichsstadt Nürnberg.* Nürnberg: v. Ebner'sche, 1847.

MAS I   Maas, Herbert: „Das Willsche Idiotikon. Eine historische Untersuchung von Nürnberger Mundartwörtern. Beitrag zur Arbeit am Ostfränkischen Wörterbuch" in: *Mitteilungen des Vereins für Geschichte der Stadt Nürnberg*. Band 49 (1959), S. 361–438.

MAS II   Maas, Herbert: *Wou die Hasen Hoosn und die Hosen Huusn haaßn. Ein Nürnberger Wörterbuch*. Nürnberg: Nürnberger Presse, 1987. Fünfte, ergänzte Auflage. Erstauflage 1962.

MAS III   Maas, Herbert: „Der Name Nürnberg in Sprichwörtern, Redensarten und Bezeichnungen" in: *Mitteilungen des Vereins für Geschichte der Stadt Nürnberg*. Band 79 (1992), S. 1–59.

MAS IV   Maas, Herbert: *Nürnberg. Geschichte und Geschichten für jung und alt*. Nürnberg: Hofmann, 1999. 7. Auflage.

MER VI   Merian, Matthias: *Topographia Archiepiscopatuum Moguntinensis, Trevirensis et Coloniensis*. Text: Martin Zeiller. Braunschweig: Archiv, 2005. [Reprint der Ausgabe Frankfurt, 1646]

MER IX   Merian, Matthias: *Topographia Franconiae*. Text: Martin Zeiller. Braunschweig: Archiv, 2005. [Reprint der Ausgabe Frankfurt, 1656]

MRD   Menrad, Jos.: *Heimatkundliche Geschichte und Kunstgeschichte Münnerstadts im Zusammenhang mit der deutschen Geschichte*. [Programm des Gymnasiums Münnerstadt für das Schuljahr 1914/15] München: Kastner&Callwey, 1915.

MSP   Mysnip.de: „Der Tod von Forchheim." http://www.mysnip. de/forum-archiv/thema/4054/589423/Der+Tod+von+ Forchheim.html [Stand: 18.03.2009]

MSR   Moser, Hugo: *Schwäbischer Volkshumor. Neckereien in Stadt und Land, von Ort zu Ort*. 2., ergänzte Auflage. Stuttgart: Theiss, 1981.

MST   Münster, Sebastian: *Cosmographia. Oder Beschreibung der gantzen Weltt*. Basel: Petri, 1628. [Erstausgabe: 1544]. Faksimile-Druck, herausgegeben von Anne Rücker und Frederik Palm. Lahnstein: Edition Offizin in der Akzente Versandbuchhandlung, 2007. Band II.

MWB V   *Wossidlo-Teuchert. Mecklenburgisches Wörterbuch*. Im Auftrage der Deutschen Akademie der Wissenschaften zu Berlin aus den Sammlungen Richard Wossidlos und aus eigenen Ergänzungen bearbeitet und herausgegeben von Hermann Teuchert. 5. Band. N bis schawwig. Unter Mitrabeit von Jürgen Gundlach, Walter Ihrke und Eva-Sophie Dahl. Berlin: Akademie und Neumünster: Wachholtz, 1970.

OHN   Osterhausen, Johann Karl: *Neues Taschenbuch von Nürnberg. Zweiter Theil.* Nürnberg: Riegel und Wießner, 1822.

OHY   Olschansky, Heike: *Täuschende Wörter. Kleines Lexikon der Volksetymologien.* Stuttgart: Reclam, 2009. [Erstausgabe: 1999]

OLR   Orlamünder, Paul: *Volksmund und Volkshumor. Beiträge zur Volkskunde.* Bremen: Schünemann, 1908.

PAU   Paul, Jean: *Jean Paul's sämmtliche Werke.* Berlin: Reimer, 1862. Zwanzigster Band. Erstes Bändchen. Dritte vermehrte Auflage.

PLT   Plaut, M.: *Deutsches Land und Volk im Volksmund. Eine Sammlung von Sprichwörtern, Sprüchen und Redensarten als Beitrag zur Kunde des deutschen Landes und Volkes.* Breslau: Hirt, 1897.

PST II   Pistorius, Georgius Tobias: *Thesaurus Parœmiarum Germanico-Jvridicarvm, Teutsch-Juristischer Sprüchwörter-Schatz. Centvria Secvnda.* Lipsiae (= Leipzig): Fritsch, 1715.

PST III   Pistorius, Georgius Tobias: *Thesaurus Parœmiarum Germanico-Jvridicarvm, Teutsch-Juristischer Sprüchwörter-Schatz. Centvria Tertia.* Lipsiae (= Leipzig): Fritsch, 1715.

PST VII   Pistorius, Georgius Tobias: *Thesaurus Parœmiarum Germanico-Jvridicarvm, Teutsch-Juristischer Sprüchwörter-Schatz. Centvria Septima.* Augustae Vindelicorum (= Augsburg): Merz&Mayer, 1724.

PST VIII   Pistorius, Georgius Tobias: *Thesaurus Parœmiarum Germanico-Jvridicarvm, Teutsch-Juristischer Sprüchwörter-Schatz. Centvria Octava.* Augustae Vindelicorum (= Augsburg): Merz&Mayer, 1724.

PST IX   Pistorius, Georgius Tobias: *Thesaurus Parœmiarum Germanico-Jvridicarvm, Teutsch-Juristischer Sprüchwörter-Schatz. Centvria Nona.* Augustae Vindelicorum (= Augsburg): Merz&Mayer, 1724.

PSW II   *Preussisches Wörterbuch. Deutsche Mundarten Ost- und Westpreußens.* Begründet und herausgegeben von Erhard Riemann. Bearbeitet von Erhard Riemann, Alfred Schönfeldt und Ulrich Tolksdorf. Band 2, Fi – Juxzeug. Neumünster: Wachholtz, 1981.

PSW IV — *Preussisches Wörterbuch. Deutsche Mundarten Ost- und Westpreußens.* Begründet von Erhard Riemann. Herausgegeben von Ulrich Tolksdorf. Bearbeitet von Reinhard Goltz und Ulrich Tolksdorf. Band 4, Na – Rutzen. Neumünster: Wachholtz, 1992.

PTS — Gemeinde Pettstadt: „Pettstadter Schmied". http://www. pettstadt.de/gemeindeportrait/page9.htlm [Stand: 24.10. 2007]

PWB I–VI — *Pfälzisches Wörterbuch.* Begründet von Ernst Christmann, fortgeführt von Julius Krämer, bearbeitet von Rudolf Post unter Mitarbeit von Josef Schwing und Sigrid Bingenheimer. 6 Bände. Wiesbaden/Stuttgart: Steiner, 1965–1997. http://germazope.uni-trier.de/Projects/WBB/woerterbuecher/pfwb/wbgui [Stand: 28.06.2009]

PZR — Panzer, Friedrich: *Bayerische Sagen und Bräuche. Teil II. Beiträge zur deutschen Mythologie.* Aarau, 1855. [Denkmäler deutscher Volksdichtung. Herausgegeben von Will-Erich Peuckert. 2. Band. Göttingen: Schwartz, 1956]

QRI — Queri, Georg: *Kraftbayrisch. Ein Wörterbuch der erotischen und skatologischen Redensarten der Altbayern.* München: Allitera, 2010. Herausgegeben und mit einem Nachwort von Michael Stephan. [Erstausgabe: 1912]

RBK — Rsw.beck.de: „JuS – Juristische Schulung: Greifswald: Studieren, wo andere Urlaub machen." http://rsw.beck.de [Stand: 22.11.2007]

RDF I–II — von Reinsberg-Düringsfeld, Otto: *Internationale Titulaturen.* 2 Bände in 1 Band. Mit einem Vorwort von Wolfgang Mieder. Hildesheim: Olms, 1992. Volkskundliche Quellen: VII Sprichwort [Nachdruck der Ausgabe Leipzig: Fries, 1863.]

RHB — von Reichenbach, Wolfgang Albrecht Stromer: *Speculum Germaniae. Oder Ein kurtzer Geographischer Bericht von dem Gesammten Teutschland.* Nürnberg: Endtern, 1676.

RHR I — Röhrich, Lutz: *Das große Lexikon der sprichwörtlichen Redensarten.* Band 1, A bis Ham. Freiburg/Basel/Wien: Herder, 1991.

RHR II — Röhrich, Lutz: *Das große Lexikon der sprichwörtlichen Redensarten.* Band 2, Han bis Sai. Freiburg/Basel/Wien: Herder, 1992.

RHR III — Röhrich, Lutz: *Das große Lexikon der sprichwörtlichen Redensarten.* Band 3, Sal bis Z. Freiburg/Basel/Wien: Herder, 1992.

RHZ II   Rochholz, Ernst Ludwig: *Alemannisches Kinderlied und Kinderspiel aus der Schweiz*. Leipzig: J. J. Weber, 1857.

RIE I   Rieß, Dieter: „Necknamen Sprüche". http://dieterries.de/ brauchtum/51138597a5a0e6c70a/index.html [Stand: 09.11. 2008]

RIE II   Rieß, Dieter: „Sprichwörter". http://dieterries.de/brauchtum/ 51138597e70e9d201/index.html [Stand: 09.11.2008]

RIE III   Rieß, Dieter: *Aff goud Frängisch. Gschichdn un Gsooch ausm Weißaburchâ Land*. Treuchtlingen-Berlin: wek-Verlag, 2009.

RIE IV   Rieß, Dieter: „Necknamen". http://dieterries.de/ brauchtum/necknamen/index.html [Stand: 27.08.2011]

RMC   Recmusic.org: „Siegeslied nach der Schlacht bei Roßbach." http://www.recmusic.org/lieder/get_text.html [Stand: 09.03. 2009]

RTG   Röttger, Bernhard Hermann (Bearbeiter): *Landkreis Wunsiedel und Stadtkreis Marktredwitz*. München: Oldenbourg, 1954. [Die Kunstdenkmäler von Bayern: Die Kunstdenkmäler von Oberfranken, Band 1.]

RWB IV   Müller, Josef (Hg.): *Rheinisches Wörterbuch*. Vierter Band. K. Berlin: Klopp, 1938.

RWB VI   Müller, Josef (Hg.): *Rheinisches Wörterbuch*. Sechster Band. N-Q. Berlin: Klopp, 1944.

SBR   Schieber, Martin: *Geschichte Nürnbergs*. München: C.H. Beck, 2007. [Erstausgabe unter dem Titel *Nürnberg – eine illustrierte Geschichte der Stadt* im Jahr 2000 im Verlag C.H. Beck]

SBT   Schubart, Gertrud: *Gueti Roetschlech. 600 fränkische Sprichwörter*. Uffenheim: Seehars, 1991. 3. Aufl.

SEI II   Seidl, Helmut A.: *Medizinische Sprichwörter. Das große Lexikon deutscher Gesundheitsregeln*. Darmstadt: Wissenschaftliche Buchgesellschaft, 2012, 2. Auflage.

SHN   Schiener, Anna: *Kleine Geschichte Frankens*. Regensburg: Pustet, 2010. 3. Auflage (Erstauflage: 2008).

SHP   Schupp, Johann Balthasar: *Corinna. Die Erbare uñ scheinheilige Hure. Beschrieben / und allen Unkeuschen Leuten zur Warnung vorgestellet*. Leipzig: Oehlern, 1660.

SHW I   *Südhessisches Wörterbuch*. Begründet von Friedrich Maurer. Nach den Vorarbeiten von Friedrich Maurer, Friedrich Stroh und Rudolf Mulch bearbeitet von Rudolf Mulch. Band I. A-D. Marburg: Elwert, 1965–1968.

SHW III   *Südhessisches Wörterbuch.* Begründet von Friedrich Maurer.
Nach den Vorarbeiten von Friedrich Maurer, Friedrich Stroh
und Rudolf Mulch bearbeitet von Rudolf Mulch und Roland
Mulch. Band III. H-ksch. Marburg: Elwert, 1973–1977.

SHW IV   *Südhessisches Wörterbuch.* Begründet von Friedrich Maurer.
Nach den Vorarbeiten von Friedrich Maurer, Friedrich
Stroh und Rudolf Mulch bearbeitet von Rudolf Mulch und
Roland Mulch. Band IV. ku-R. Marburg: Elwert, 1978–1985.

SHW VI   *Südhessisches Wörterbuch.* Begründet von Friedrich Maurer.
Nach den Vorarbeiten von Friedrich Maurer, Friedrich
Stroh und Rudolf Mulch bearbeitet von Roland Mulch.
Band VI. U-Z. Nachträge. Marburg: Elwert und Darmstadt:
Hessische Historische Kommission, 2002–2010.

SKS   Siebenkees, Johann Christian (Hg.): *Materialien zur Nürnbergischen Geschichte.* Zweiter Band. Nürnberg: in Com-
mission der A.G. Schneiderschen Kunst- und Buchhandlung, 1792.

SLC   Schlauch, Georg: *Sachsen im Sprichwort.* Leipzig: Schön-
felds Verlagsbuchhandlung, 1905.

SLH   Schellhorn, Andreas: *Teutsche Sprichwörter, sprichwörtliche
Redensarten und Denksprüche gesammelt, in Ordnung gebracht, und mit den nöthigsten Erklärungen begleitet. Nebst
einem Anhange von Sprichwörtern und Denksprüchen in lateinischen Versen für Studierte und Studierende.* Mit einem
Vorwort von Wolfgang Mieder. Hildesheim: Olms, 2008.
Volkskundliche Quellen. Neudrucke europäischer Texte
und Untersuchungen. Band VII: Sprichwort. Herausgegeben von Wolfgang Mieder. [Nachdruck der Ausgabe Nürnberg: Steinische Buchhandlung, 1797]

SLN I   Schollen, Matthias: „Aachener Sprichwörter und Redensarten." *Zeitschrift des Aachener Geschichtsvereins* 8 (1886),
158–208.

SMR   Sommerer, Andreas: *Das Alexandersbad, die Luisenburg
und die Umgebungen derselben, besonders das Interessanteste
vom Fichtelgebirge. Ein Taschenbuch für Reisende und Na-
turfreunde.* Wunsiedel: Baummann, 1833.

SRK   Simrock, Karl: *Die deutschen Sprichwörter.* Einleitung von
Wolfgang Mieder. Stuttgart: Philipp Reclam Jun., 1988.
[Modernisierter Nachdruck der Ausgabe: Die deutschen
Volksbücher. Gesammelt und in ihrer ursprünglichen Echt-

heit wiederhergestellt von Karl Simrock. Fünfter Band (Deutsche Sprichwörter). Frankfurt a. M.: Heinr. Ludw. Brönner, 1846].

SRM Schramm, Carl Christian: *Neues Europäisches Historisches Reise-Lexicon, Worinnen Die merckwürdigsten Länder und Städte nach deren Lage, Alter, Benennung, Erbauung, Befestigung, Beschaffenheit, Geist- und Weltlichen Gebäuden, Gewerbe, Wahrzeichen und anderen Sehenswürdigkeiten, In Alphabetischer Ordnung auf das genaueste beschrieben werden, etc.* Leipzig: Gieditschen, 1744.

SRS Straßner, Erich: *Fränkischer Volkshumor. Schwanksagen, Schildbürgergeschichten und Ortsneckereien aus Franken.* Neustadt a.d.Aisch: Degener, 1979. Veröffentlichungen der Gesellschaft für fränkische Geschichte. XII. Reihe. Quellen und Forschungen zur Fränkischen Volkskunde. Band 2.

STL Stössel, Günter: *Nürnberg bei Fürth. Eine städtegeschichtliche Zoff-Sammlung.* Nürnberg: Edelmann, 2004. Vierte, überarbeitete Auflage.

STS Sartorius, Johann Baptist: *Die Mundart der Stadt Würzburg.* Würzburg: Stahel'sche, 1862.

STZ Stoltze, Friedrich: *Frankfurt in seinen Sprichwörtern und Redensarten.* Herausgegeben von August Hase. Frankfurt am Main: Hase, 1939.

SWG Sayn-Wittgenstein, Franz Prinz zu: *Reichsstädte. Patrizisches Leben von Bern bis Lübeck.* München: Prestel, 1965.

SWT II von Schönwerth, Franz Xaver: *Sprichwörter des Volkes der Oberpfalz in der Mundart.* Stadtamhof: Mayr, 1873. [Sonderabdruck aus: *Verhandlungen des historischen Vereines von Oberpfalz und Regensburg.* Neunundzwanzigster Band, 1874.]

SWZ I Schwarz, Georg: „Ortsneckereien und Stichelschwänke aus Oberfranken. Teil I: Fränkische Schweiz, Land am Obermain und Regnitzgebiet.“ *Heimatbeilage zum Amtlichen Schulanzeiger des Regierungsbezirks Oberfranken* Nr. 86 (Bayreuth, 1982)

SWZ II Schwarz, Georg: „Ortsneckereien und Stichelschwänke aus Oberfranken. Teil II: Fichtelgebirge, Frankenwald, Hofer Raum und Coburger Land.“ *Heimatbeilage zum Amtlichen Schulanzeiger des Regierungsbezirks Oberfranken* Nr. 92 (Bayreuth, 1983)

TRL Tardel, Hermann: *Bremen im Sprichwort, Reim und Volkslied.* Bremen: Bremer Schlüssel Verlag Hans Kasten, 1947.

TWB I	*Thüringisches Wörterbuch.* Sächsische Akademie der Wissenschaften zu Leipzig Sprachwissenschaftliche Kommission. Auf Grund der Sammlungen von V. Michels und H. Hucke bearbeitet von Band IV bis Band VI unter Leitung von K. Spangenberg, fortgesetzt unter Leitung von W. Lösch an der Friedrich-Schiller-Universität Jena. I. Band. A-D. Bearbeitet von Wolfgang Lösch, Rainer Petzold, Frank Reinhold, Susanne Wiegand. Berlin: Akademie Verlag, 1991–1999.
TWB IV	*Thüringisches Wörterbuch.* Sächsische Akademie der Wissenschaften zu Leipzig Sprachwissenschaftliche Kommission. Auf Grund der von V. Michels begonnenen und H. Hucke fortgeführten Sammlungen bearbeitet unter Leitung von K. Spangenberg an der Sektion Sprachwissenschaft der Friedrich-Schiller-Universität Jena. IV. Band. L-Q. Bearbeitet von Heinz Rosenkranz, Rolf Schäftlein, Herbert Schrickel, Karl Spangenberg. Berlin: Akademie Verlag, o. J.
TWB V	*Thüringisches Wörterbuch.* Sächsische Akademie der Wissenschaften zu Leipzig Sprachwissenschaftliche Kommission. Auf Grund der von V. Michels begonnenen und H. Hucke fortgeführten Sammlungen bearbeitet unter Leitung von K. Spangenberg an der Sektion Sprachwissenschaft der Friedrich-Schiller-Universität Jena. V. Band. R-S. Bearbeitet von Heinz Rosenkranz, Rolf Schäftlein, Herbert Schrickel, Karl Spangenberg. Berlin: Akademie Verlag, 1982.
UMS	Urmes, Dietmar: *Handbuch der geographischen Namen.* Wiesbaden: Marix, 2004.
VBV	Viehbeck-Veith, Ilse: *Unser Sproch. Sprichwörter, Kinderreime und Mundartwörter aus dem mittleren Böhmerwald.* Burgebrach, 1992.
VGN	(N.N.): „Eines unbekannten Verfassers genealogische Nachrichten von den Herren Grafen von Castell" in: Johann Paul Reinhard (Hg.): *Beyträge zu der Historie Frankenlandes und der angränzenden Gegenden.* Erster Theil. Bayreuth: Lübeck, 1760. S. 183–224.
VLA	Volksliederarchiv: „Deutsche Volkslieder." *http://www.volksliederarchiv.de* [Stand: 04.08.2009]
WAC	Wander, Karl Friedrich Wilhelm (Hg.): *Abrahamisches Parömiakon. Oder: Die Sprichwörter, sprichwörtlichen Redensarten und schönen sinnreichen Gleichnisse des P. Abraham a St. Clara, nebst den dazu gehörigen, erklärenden und anwen-*

	denden Stellen. Breslau: Kohn, 1838.
WAN I–V	Wander, Karl Friedrich Wilhelm: *Deutsches Sprichwörter-Lexikon. Ein Hausschatz für das deutsche Volk.* 5 Bde. Leipzig: F.A. Brockhaus, 1867–1880. [Nachdruck Darmstadt: Wissenschaftliche Buchgesellschaft, 1964].
WEB	Weber, Karl Julius: *Demokritos oder hinterlassene Papiere eines lachenden Philosophen.* Stuttgart: Rieger'sche, 1853. Fünfter Band. Vierte, sorgfältig erläuterte Original-Auflage.
WKP VI	Wikipedia: „Kloster Schmerlenbach." http://de.wikipedia.org/ wiki/Kloster_Schmerlenbach [Stand: 20.10.2007]
WKP XV	Wikipedia: „Pettstadt." http://de.wikipedia.org/wiki/Pettstadt [Stand: 22.10.2007]
WKP XIX	Wikipedia: „Spalt (Stadt)." http://de.wikipedia.org/wiki/ Spalt_%28Stadt%29 [Stand: 24.10.2007]
WKQ I	Wikiquote: http://de.wikiquote.org [Stand: 06.07.2007]
WZB II	von Wurzbach, Constantin: *Glimpf und Schimpf in Spruch und Wort.* Wien: Lechner, 1864.
ZAH	Zahn, Benedict Wilhelm: *Bäiderla af alli Subbm. Die Sprichwörtersammlung des Benedict Wilhelm Zahn.* Herausgegeben von Michael Diefenbacher und Wiltrud Fischer-Pache. Bearbeitet von Herbert Maas. Nürnberg: Selbstverlag des Stadtrats zu Nürnberg, 1997. Quellen zur Geschichte und Kultur der Stadt Nürnberg. Herausgegeben im Auftrag des Stadtrats zu Nürnberg vom Stadtarchiv. 27. Band. [Erstdruck eines um 1815 vollendeten und für den Druck bearbeiteten Manuskripts mit dem Titel „Nürnberger Sprüchwörter und deren Erklärung"]
ZDN	von Zedlitz-Neukirch, Leopold: *Vollständiges Reise-Taschenbuch oder Wegweiser durch das Königreich Bayern.* Bayreuth: Grau'sche, 1834.
ZHD	Zehnder, Ernst: „Abtswind und seine Dorfgeschichte (1986)". http://www.abtswind.de/Geschichte/geschichte.html [Stand: 24.08.2011]
ZZM	Zoozmann, Richard: *Der Zitatenschatz der Weltliteratur.* Bearbeitet von Dieter Lemke. Köln: Anaconda, 2005. [Veränderter Nachdruck der 2. Auflage Berlin, 1911].

Ortsregister

*(Fränkische Orte, die im Buchtext Erwähnung finden, aber nicht
mit einem einschlägigen Sprichwort-Eintrag vertreten sind.)*

Bildnachweis